鹿児島大学島嶼研ブックレット
18
TOUSHOKEN BOOKLE

魅惑の島々、奄美群島—自然編—

山本宗立・高宮広土 編
YAMAMOTO Sota TAKAMIYA Hiroto E

●目次●

魅惑の島々、奄美群島―自然編―

The Amami Archipelago Rich in Natural and Cultural Resources: Plants and Animals

Edited by

YAMAMOTO Sota and TAKAMIYA Hiroto

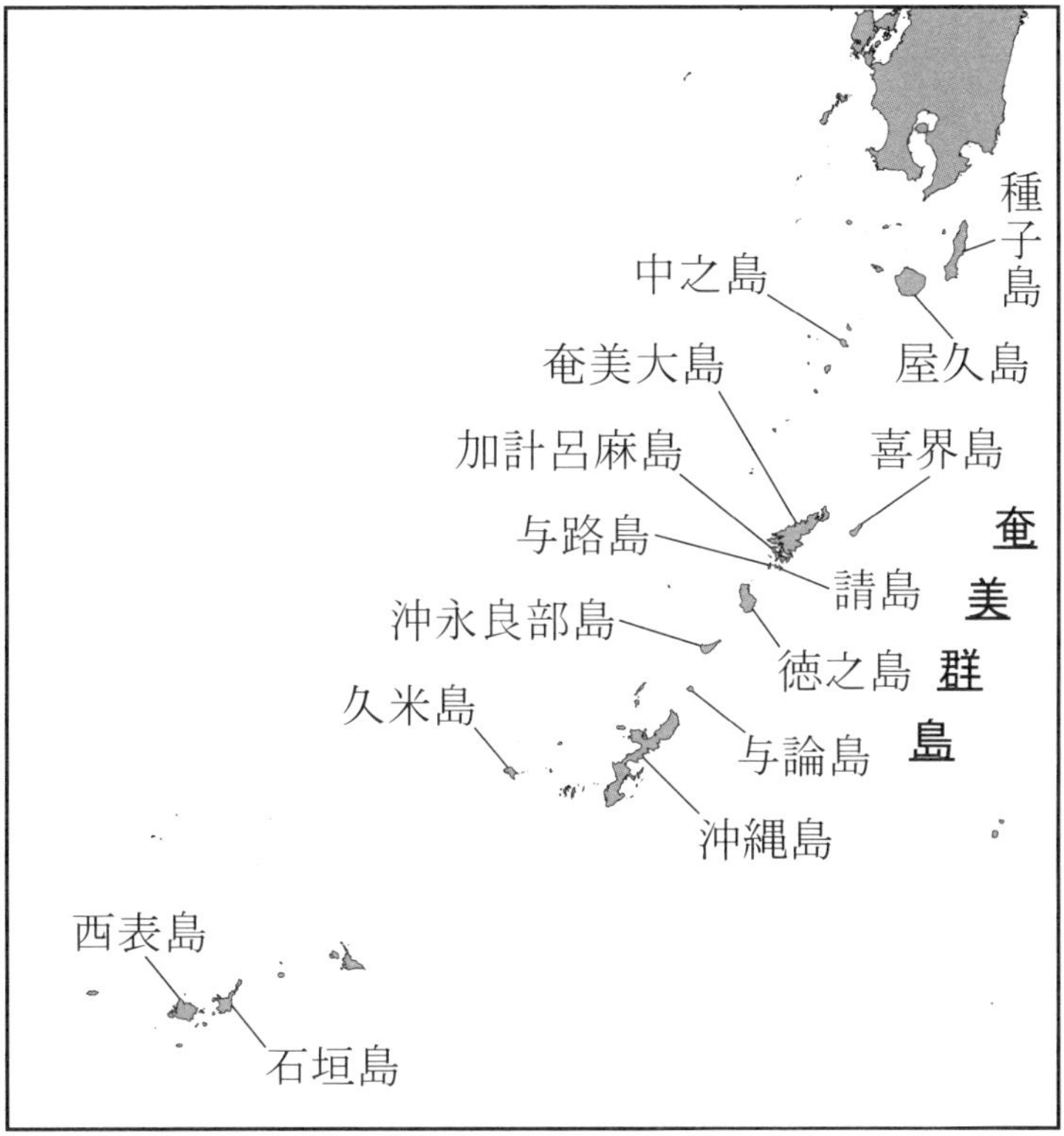

巻頭図　奄美群島の有人島とその位置および本書にでてくる島名（国土交通省国土政策局「国土数値情報（行政区域データ）」をもとに編者が編集・加工）

I　はじめに

「奄美の島には何もない」。しばしば奄美群島の方々がため息をつきながら、このような言葉を口にすることがあります。本当に「奄美は何もない島」なのでしょうか。いや、奄美群島にはすばらしい歴史、文化、自然、そして産業があります。このような情報を奄美群島や島外の方々がご存じない理由の一つは研究者にあると思われます。これもよく地元の方が嘆いたことです。「本土の研究者に協力しても、あの人たちはデータを本土に持って帰るだけで、その内容を教えてくれない」。この問題を解決する一つの手段として、鹿児島大学国際島嶼（とうしょ）教育研究センターは、二〇一五年四月に教職員が常駐する奄美分室を奄美市に設置し、奄美群島により密着した教育と研究を始めました。

例えば、文部科学省特別経費プロジェクト「薩南諸島の生物多様性とその保全に関する教育研究拠点整備」（鹿児島大学、二〇一六～二〇一九年度）では、陸上・海洋生物の詳しい分布調査、生態系の多様性維持機構の解明、人と自然との関係性などを明らかにするための総合的な研究（理系と文系の研究者による共同研究）を奄美群島で実施しました。そして、ここが肝心な点ですが、以前と異なり、私たちの研究成果を地元の方々にできるだけ還元するため、「奄美分室で語りましょう」などの勉強会、奄美群島の先史時代、島唄、産業、生物多様性に関するシンポジウム、陸上・海洋生物の観察会、「奄美群島島めぐり講演会」などを開催しました。奄美分室開設後はそれ以前と比較すると地元への還元が増えたとはいえ、それでもほんの一部にすぎませんでした。また、参加してくださった地元の方々も、どちらかというと一部の人たちに限られていました。そこで、奄美群島の方々に私たちの研究成果をより一層還元することを目的として、『南海日日新聞』で連載コラム「魅惑の島々、奄美群島」を企画するにいたりました（二〇二〇年一月〜二〇二一年三月）。この連載によって、より多くの方々に島の魅力をお伝えすることができたのではないかと思います。

「魅惑の島々、奄美群島」の連載は、国際島嶼教育研究センターの専任教員、兼務教員、客員研究員が執筆を担当し（総勢四九人、六六本掲載）、以下の八つのカテゴリーで構成されていました。「①島嶼文明」、「②歴史・伝統文化」、「③社会・産業経済」、「④自然（陸）」、「⑤自然（海・川）」、「⑥自然（利用）」、「⑦自然（外来種・諸問題）」および「⑧教育の場としての島」です。それらのうちから、奄美群島の「自然」に関するコラムを集め、そして新たな原稿を一つ加えて再構成したのが本書です。

二〇二一年七月に「奄美大島、徳之島、沖縄島北部及び西表島」が世界自然遺産に登録されました。この登録は、同地域の生物種数の多さ、絶滅危惧種や固有種の数の多さと割合の高さなどといった、高い生物多様性が評価された結果です。「世界的にかけがえのない地域」と認められた奄美群島の自然。まずは奄美群島の地質学的な成り立ちについてふれたあと、植物、陸上の動物、海・川の生き物の順に紹介していきます。また本書では、外来種の侵入やごみ問題など、自然にまつわるさまざまな課題にも着目しています。奄美群島の貴重な自然を多様な視点からお楽しみください。

（編者）

Ⅱ　地質

1　二列に並ぶ成り立ち

北村有迅（鹿児島大学大学院理工学研究科）

「島嶼」というものは、多かれ少なかれ「本土」との対比で語られます。さまざまな面において趣を異にするので当然といえば当然です。島嶼愛にあふれた人でもその意識の源は本土との違いに根ざしたものでしょうし、本書の島嶼研究者諸氏も離島ゆえの特性を探求している場合がほとんどでしょう。しかし奄美群島や、広く南西諸島を本土と一切区別しない視点でみる人間もいます。それは地質学者です。

私は長らく四国や九州を対象に地質学的研究を行ってきました。日本列島は、東からやってくる海洋プレートが大陸プレートにぶつかる場所に位置しています。ぶつかった海洋プレートは大陸プレートより重いので沈み込んで地球深部に戻っていきます。このような場所を「プレート沈み込み帯」と呼びます。この沈み込み帯研究の観点からは、奄美群島と本土は同じものなのです。

沈み込み帯には弧状列島が形成されます。専門用語では「島弧（とうこ）」と呼びます。千島列島以北の「千島（クリル）弧」、北海道から九州にいたる「本州（日本）弧」、九州から台湾にいたる「琉球弧」、東京付近から南に延びる「伊豆・小笠原弧」と、それぞれ名前がついています。私は本州弧の研究をしていましたが、琉球弧についてもかじるようになりました。

では、島弧はどのように形成されるのでしょうか。海洋プレートは、海嶺と呼ばれる海底山脈で生まれます。それが年間数センチメートル程度のスピードではるばる移動し、大陸のプレートに衝突するとその下に沈み込みます。このときさまざまな現象が起きます。

まず何といっても地震です。大陸の下に無理やり潜り込むわけですから、両方のプレートの

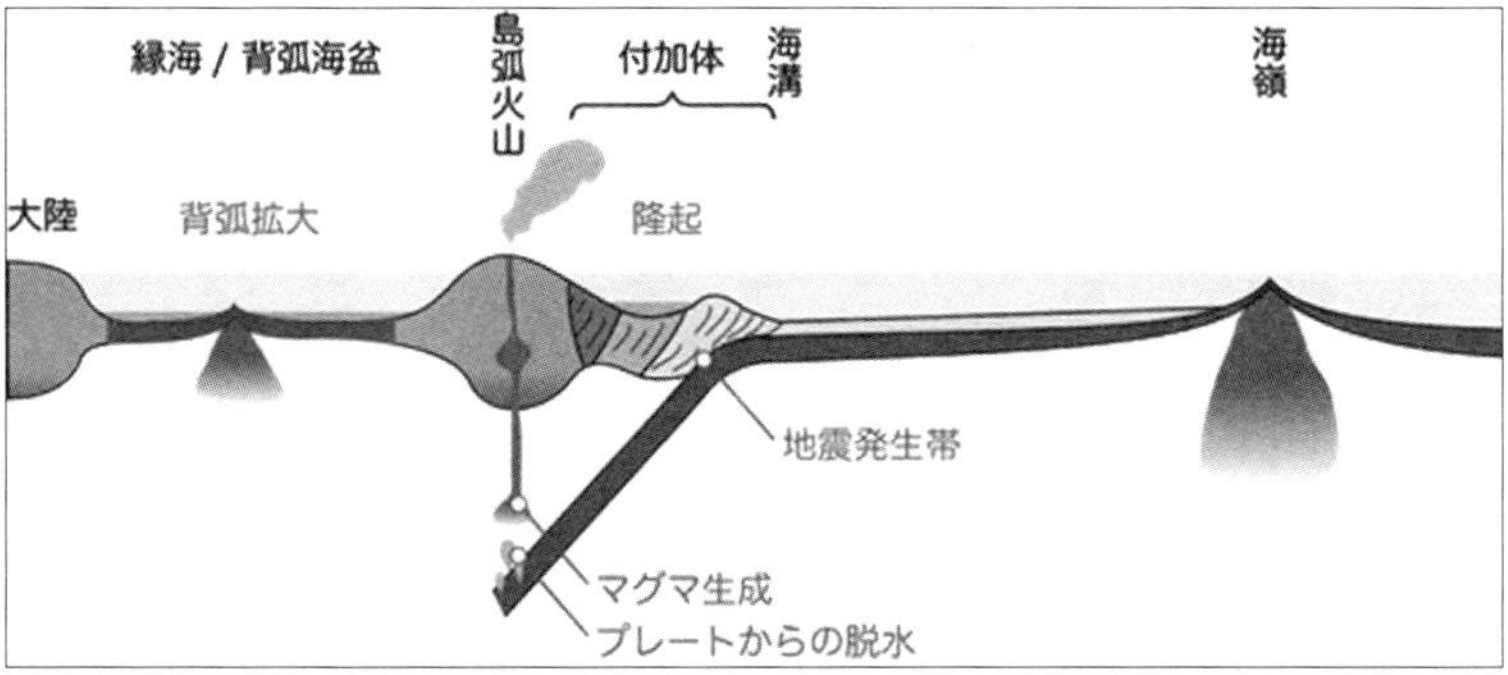

図１　沈み込み帯の模式的な図。南西諸島では、琉球海溝から奄美大島など「１列目」の付加体、「２列目」のトカラ列島、背弧の沖縄トラフに対応する

境界部に力が加わってひずみがたまり、いわゆる「海溝型地震」が起きます。海洋プレートの上には長年蓄積された堆積物がありますが、その大部分は沈み込む際にはぎ取られて大陸の端に押し付けられてくっつきます。このくっついた部分を付加体と呼びます。日本列島のかなりの部分は付加体でできています。そして奄美群島や種子島、屋久島、沖縄島も基本的に付加体です。付加体は次々に形成されるので隆起して地形的に盛り上がり島になります（図1）。

もう一つ重要なのは火山です。海洋プレートは水を含んでいます。沈み込んでマントルに突入していくと、ある程度の深さでこの水が絞り出されるのです。マントルは固体の岩石でできていますが、絞り出された水が加わると融点が下がり溶けて液体になります。この液体がマグマです。こうしてマグマが上昇するとその地表では火山となるわけです。すなわち、海洋プレートが沈み込むと、必然的に大陸側に少し離れた場所に火山の列ができるのです。島弧が火山列島になるゆえんです。奄美群島近海ではトカラ列島がその火山列です。

種子島・屋久島、奄美大島から沖縄島と連なる「一列目」と、「二列目」のトカラ列島は、それぞれ「隆起した付加体」と「火山島」という異なる成り立ちをもつのです。

もう一つ「背弧(はいこ)拡大」という現象も紹介しましょう。プレートの沈み込みが成熟してくると、島弧の「後ろ側」の大陸プレートが裂けて新しい海洋プレートが形成され、海が開く現象が起きます。日本列島自体も、昔は大陸の一部でしたが、二五〇〇万年前ごろから背弧拡大によって日本海が形成されて隔離されました。同じような背弧拡大が現在進行形で起こっているのが、琉球弧のすぐ大陸側の「沖縄トラフ」です。ここでは海底が裂けて広がりつつあるのです。

このように、日本の地震火山の多い島々という特質は、沈み込み帯という地質学的な立地によるものです。そして本州弧と琉球弧は、地質学的には海上に出ている面積が少し違う程度の違いにすぎないのです。私は学生時代から本州弧で付加体に残された海溝型地震の痕跡を研究してきました。奄美大島などにも同様の地層があることは知られており、今後も重要な発見が期待されます。地質学は本土と離島を区別しないなどといいながら、私は、島がもつ本土とは根本的に異なる風土に魅せられ、島でのフィールドワークを心待ちにする地質学者なのでした。

Ⅲ　植物

1　奄美群島の植物目録作り

鈴木英治（鹿児島大学国際島嶼教育研究センター）

二〇二一年七月に奄美大島と徳之島が世界自然遺産に登録されましたが、その根拠の一つに高い生物多様性があります。植物も多くの種類があり、私たちは南西諸島の各島に分布する種（しゅ）数を主に文献から調べ、奄美大島では一六五八種と報告しました。ただし、文献情報だけでは同定に誤りがあってもわかりませんし、以前は一種類であった種が研究の進展により二種に区分されても標本なしでは調べようがありません。そのため、証拠となる標本に基づいて植物相を明らかにすることが重要となります。

鹿児島大学総合研究博物館の植物標本庫では、一〇〇年以上前から標本を収集し、約一五万点が収蔵されています。現在は標本画像の作成とデータベース化を進めており、一二万点あまり

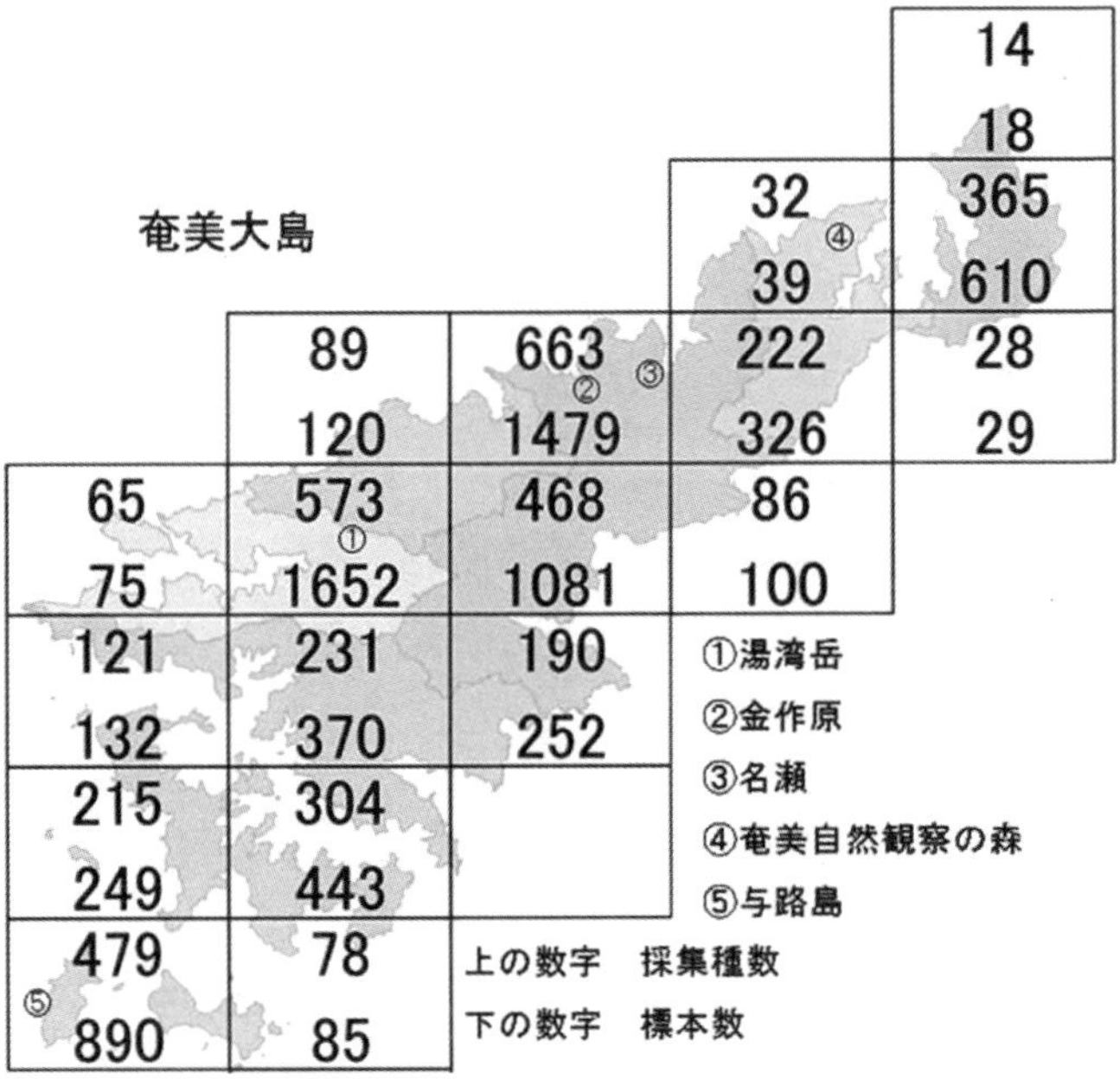

図２　奄美大島および周辺の島々で採集された標本の点数と種数（2020 年４月現在）

が終了しました。それらは大学のホームページから閲覧できます。鹿児島県立博物館も同様に標本の収集と研究を進めて約三万九〇〇〇点の標本があり、二つを合わせると、現在までに奄美大島からは約九〇〇〇点で約一三〇〇種、奄美群島全体で約一万八〇〇〇点、約一七〇〇種の標本が存在しています。

島全体の多様性も重要ですが、島内でも地域によって差があります。そこで、奄美大島および周辺の島々を国土地理院の二万五〇〇〇分の一の地図の範囲（南北約九キロメートル、東西約一二キロメートル）に区切り、上記二館の合計の標本数と種数を調べた結果が図２です。金作原や湯湾岳を含む区が、やはり種数が多く多様性も高いことがわかります。ただし、種数が多いところは標本数も多いことに注意しなければなりません。例えば、龍郷町の自然観察の森がある区は三二種とごくわずかですが、それは三九点しか標本が採られていないためです。対象地域の全体の多様性を知るためには万遍なく調査をする必要があります。奄美大島および周辺の島々のなかでも交通の便が悪い与路島産の標本は皆無でしたが、この二年間ほど採集に出かけ、五〇〇種近くの植物を収集しました。

一般的に博物館にはちょっと珍しい種類の標本は多く、ごく普通の種類の標本は少ない傾向があります。鹿児島市内に普通に生えている植物を奄美群島でわざわざ採る研究者はあまりいません。結果として、奄美大島産の標本のなかで希少種のアマミカタバミの方が道端雑草のカタバミより多いことになります。希少種は、元々産地が限られるうえ、新しい分布地は研究雑誌などで報告されます。一方「各地に普通」で済まされてきた種は、具体的にどこにあるのかわからず、詳しい植物目録作りを難しくします。

また現在普通に見られる植物が、いつまでも普通にあるとは限りません。鳥類では日本で絶滅したトキも明治時代には普通にいた鳥でした。奄美大島でも水田によく生える湿地性の雑草は古い標本に多いのですが、最近作成された標本はごくわずかです。水田が減少し、サトウキビ畑などに変わってしまった影響でしょう。このような変化は、普通に存在しているときの調査から明らかになります。

地域の生物多様性を守るために外来種の防除を検討する場合も、侵入期を知ることから始まるのですが、標本が確実な根拠となります。奄美群島で現在は普通の外来種のオオバナノセンダングサ、ヒメジョオン、アメリカハマグルマは、それぞれ一九八五年、一九九八年、一九八六年の標本が奄美群島からの標本では最も古いのですが、それよりも以前に侵入しているでしょう。また、普通といってもそのレベルは種によって異なります。二〇一七年に奄美大島の道路沿いに延長約二四四キロメートルで調べたところ、オオバナノセダングサが五八六カ所、ヒメジョオンは六六カ所、アメリカハマグルマは二三カ所で見られました。オオバナノセンダングサを島から駆除することはほぼ絶望的、アメリカハマグルマは可能かもしれないということがみえてきます。

島に侵入した外来種の駆除は非常にやっかいなので、まだ島には入っていないが侵入可能性の高い外来種に注意する必要があります。例えば、特定外来生物のナルトサワギクは一九七六年ごろに薩摩半島の日置市に侵入し、現在は薩摩半島中北部に分布拡大中であることが標本記録からわかってきました。このような植物が島に入らないか注視し、検知された場合は初期段階で排除することが望ましいでしょう。

2　校庭で見られる植物の多様性

川西基博（鹿児島大学教育学部）

「皆さんの卒業した小学校の校庭には、どんな草花や木がありましたか？」と質問されたら、どのような植物を思い浮かべるでしょうか。私は、理科の時間に観察するために一人一人育てたアサガオや、生き物係で水やり担当だった花壇のマリーゴールドはよく覚えています。あとはサクラやキンモクセイなどの花が印象的でしたし、オオバコは草抜きのときにやっかいでした。でも、名前を知らない雑草や雑木もいっぱいあったはずです。

「生物多様性」という用語が一般的になってきた今日、「いろいろな生き物が存在すること」と、「場所（環境）によって生き物の種類が違うこと」を実感できる機会は重要です。授業やそのほかの活動のなかで生き物観察が行われる校庭は、多くの子どもたちにとって生物多様性と地元の自然を理解していくための入り口の一つになり得ると考えられますが、はたして学校の校庭にはどのような植物が何種類くらいいるものなのでしょうか。

喜界島、奄美大島、加計呂麻島、徳之島、沖永良部島、与論島の三二校において、学校の運動場、植え込み、花壇、プランターなどに生育するすべての維管束植物をリストアップした結果、春と夏の二回の調査を行った学校では約二〇〇種、一季節のみの調査では一〇〇～一五〇種を確認できました（いずれも自生、植栽を含めた数）。絶滅危惧種が確認された学校も複数ありました。校庭には熱帯果樹や観葉植物、野菜など、さまざまな栽培植物が見られて興味深かったのですが、紙面の都合上、日本に自生する植物に限って紹介したいと思います。

シダ植物としてはリュウキュウイノモトソウ、ホシダがほとんどの学校で確認されました。しばしば植栽されているオオタニワタリは野生のものは絶滅危惧種に指定されている貴重なシダ植物です。また、準絶滅危惧種のマツバランがシンボルツリーのガジュマルに着生している学校もありました。

裸子植物ではソテツがほぼすべての学校で植栽されていたほか、イヌマキ、リュウキュウマツが多くの学校で見られました。これらはもともと琉球の森林をつくる樹木の一つであり、自然界ではそれぞれ異なった環境で生育・更新します。ソテツは急峻な海岸斜面、イヌマキは海岸から山地までの照葉樹林、リュウキュウマツは崩壊地や放棄された耕作地など明るい斜面が本来の生育地です。

被子植物は草本から樹木までさまざまな植物が校庭で見られます。例えば、植木鉢によく植栽

写真１　奄美群島の校庭でよく見られるリュウキュウコスミレ

されているテンノウメやハリツルマサキは、もともと隆起サンゴ礁の海岸の岩場に生育し、野生のものは絶滅危惧種に指定されています。また、大島紬(おおしまつむぎ)の泥染めに利用されるシャリンバイや沖永良部島のエラブユリとして有名なテッポウユリも各地の海岸の崖地などに自生する植物です。

校庭の雑草と呼ばれている植物にはさまざまな草本植物が含まれています。単子葉類ではツユクサ科のシマツユクサ、カヤツリグサ科のクグガヤツリやハマスゲ、イネ科のメヒシバ、ギョウギシバ、オヒシバ、ネズミノオがよく見られます。そのほかの被子植物としては、マメ科のスズメノエンドウ、カラスノエンドウ、カスマグサ、カタバミ科のカタバミ、トウダイグサ科のシマニシキソウ、スミレ科のリュウキュウコスミレ（写真1）、サクラソウ科のルリハコベ、オオバコ科のオオバコとムシクサ、サギゴケ科のトキワハゼ、キク科のニシヨモギ、ウスベニニガナ、ツワブキ、アキノノゲシ、ノゲシ、オニタビラコ、ウコギ科のオキナワチドメグサ、セリ科のツボクサ、ヤブジラミなどは半数以上の学校で確認されました。テリハノブドウ（ブドウ科）、ヘクソカズラ（アカネ科）、ツルソバ（タデ科）などの蔓（つる）植物もよく見られました。学校によっては全国的に珍しいハマクワガタやイヌノフグリ（いずれも絶滅危惧Ⅱ類）が生育しており、ぜひ注目しておきたい植物たちです。

以上、雑草としてひとまとめにして紹介しましたが、よく観察してみると生えている場所が種類によって微妙に違っていることに気づくはずです。その理由は、太陽の当たり具合や土壌の湿り具合などの自然環境に加えて、人の踏みつけや草刈り、掘り起しの頻度といった人為的な要因も関係してきます。このような環境要因の違いが校庭の中にあって、それぞれの環境に適した植物が生育することで、校庭にはトータルとして多くの種類の植物が共存できているのです。

奄美群島の学校の校庭では、少なくとも一〇〇種以上の植物が見られ、ときには珍しい貴重な植物が生育していることもあります。運動場の小さな雑草や石垣のシダ、シンボルツリーの大きな木と、それについている着生植物などをよく観察してみると、いろいろな発見があるでしょう。

3　民間療法としての「ピーピー草」の活用

平田美信（鹿児島大学国際島嶼教育研究センター・令和元年度客員研究員）

奄美大島にはいくつもの薬用植物が自生していますが、実際に活用されている例は少ないように感じます。薬用植物とは、漢方薬として利用される植物、民間療法として地元の方々のみ使い方を知っている植物など、多くの種類が存在します。例えば、団子(だんご)に使うヨモギは薬用植物として想像しやすいですが、道端でよく見かける小柄な白い花びらを有するタチアワユキセンダングサが薬用植物であることは、案外知られていないのではないでしょうか。

幸いなことに、令和元（二〇一九）年度に鹿児島大学国際島嶼教育研究センターの客員研究員として活動する機会をいただきました。そこで、私が幼少期に「ピーピー草」と呼び、鼻づまり解消に利用していた植物に着目し、その学名と薬用植物としての機能性を探索しました。

「ピーピー草」は水辺や湿地帯に自生し、葉をもむことで強い独特の芳香が生じる植物です。その葉をもんで丸めて鼻に数分間詰めることで、鼻づまり解消効果が期待できます。幼少期に「ピーピー草」を採取していた龍郷町秋名(あきな)で植物の生育を観察した結果、五月ごろに上部の葉が緑色から白色へ変化し、可憐な花が咲くことに気づきました。植物の専門家にお話を伺い、植物標本と比較することで、該当植物はドクダミ科に属する「ハンゲショウ」（半夏生）と判明しました。ハンゲショウは煎じて服用することで利尿を促したり、腫れた患部を煎液で洗い腫れ物の治療に利用したりするそうです。鹿児島県本土にはドクダミ科のドクダミとハンゲショウが自生していますが、奄美大島にはハンゲショウのみが自生している、という地理的分布面でのおもしろい発見もありました。十薬として知られるドクダミの代わりに、ハンゲショウの活用を模索した結果、鼻づまりに効くと見いだした人がいたのかもしれません。

鼻づまりに効くその作用を調べるため、まず香気成分の分析を実施しました。香気成分の主成分としてメチル-n-ノニルケトンが含まれていることがすでに報告されていましたが、今回の分析結果は事例とは異なり、メチル-n-ノニルケトンは確認されず、その代わりにラベンダーなどに含まれる「リナロール」と石鹸や医薬品の賦香剤として利用される「サフロール」が多く含有されていました（図3）。既存報告と異なる理由として、産地による成分の違い、香気成分を得るための実験方法の違いが推測されますが、新規知見であることには間違いなく、実に興味深い結果が得られました。研究活動において、新規性がある研究をするには、既存報告とは異なる実験をするのがセオリーですが、物は試しにやってみるものです。

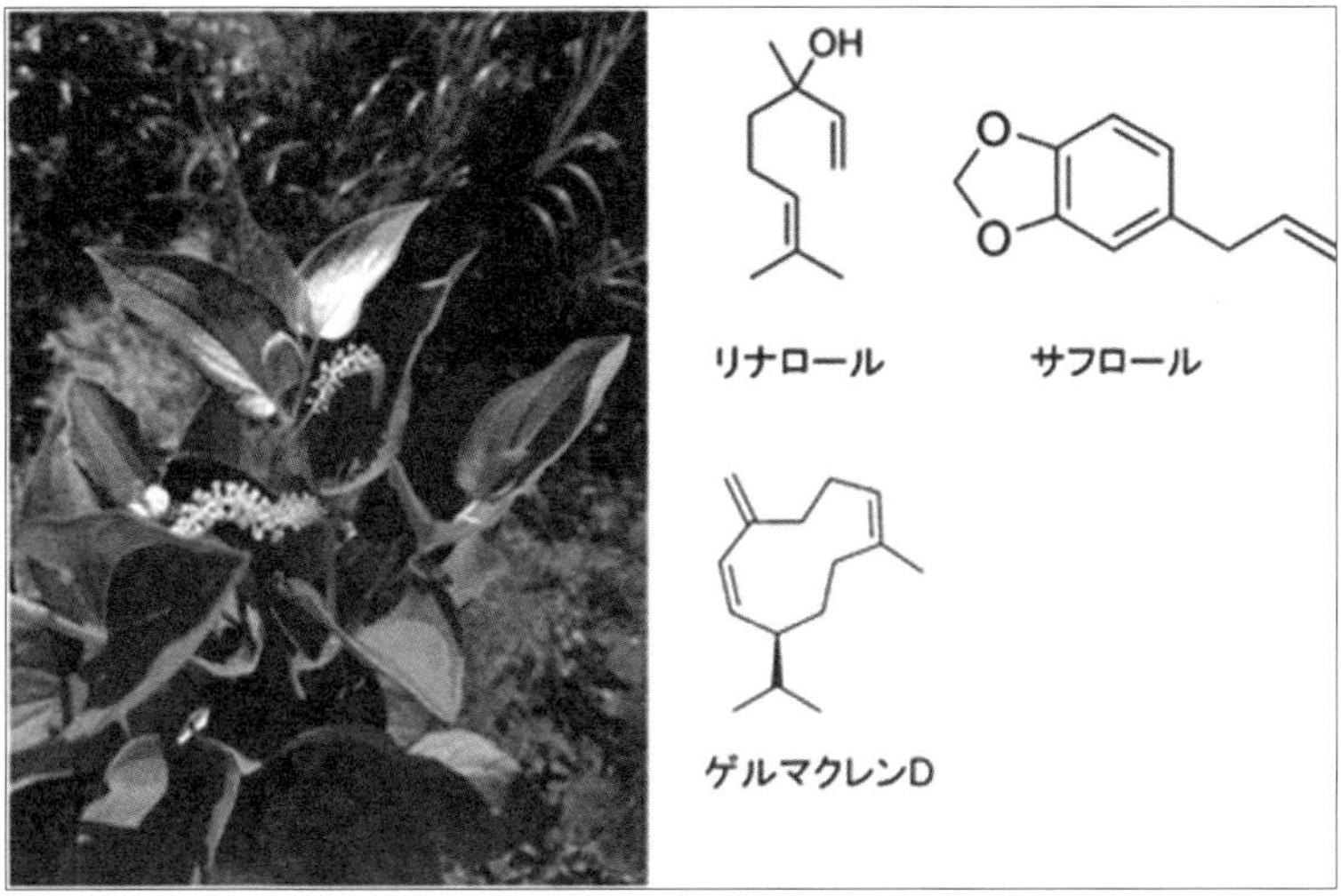

図３　上部の葉が白く変化したハンゲショウ（左）と含まれていた香気成分の一部（右）

得られた香気成分と鼻づまり解消のメカニズムを調査するため、抗菌活性（菌を倒せる力があるか）を検討しました。なぜなら、鼻づまりが生じるメカニズムとして、細菌に感染することで鼻づまりが生じる経路に的を絞ったからです。実際に菌を培養して評価する実験はできませんでしたが、芳香成分を含んだ水は半年以上室温で腐らず、菌が発生した様子は確認できませんでした。また、香気成分のなかに抗菌活性成分として知られる「ゲルマクレンＤ」の存在を確認できました。したがって、「ピーピー草」と鼻づまり解消との関連性が示唆されました。

話は変わりますが、成人Ｔ細胞白血病（ＡＴＬ）をご存じでしょうか？　ＡＴＬとは鹿児島県を含めた南九州で多発する血液がんです。複数の抗がん剤を併用する化学療養や先進的な治療薬が開発されていますが、まだまだ生存率が低く、また薬の副作用の影響が大きいことから、新規治療薬の開発が望まれています。地元の植物からＡＴＬの治療薬開発を視野に入れて研究に挑戦した結果、ハンゲショウの抽出物成分（香気成分ではない）が良好な結果を示しました。ハンゲショウ＝抗がん剤となるわけではありませんが、これは医薬品開発のスクリーニングとしては有望なことであり、研究の更なる発展の予感がしました。

ハンゲショウの花言葉は「内に秘めた情熱」。奄美大島でできることは限られていますが、ほそぼそとながらも、何かしら研究活動を継続していきたいと考えています。

4　外来植物ことはじめ

宮本旬子（鹿児島大学大学院理工学研究科）

皆さまには外来植物より帰化植物というほうが馴染（なじ）み深いかもしれません。一九七四年に東京の帰化植物を調べた小学生の自由研究レポートには、「帰化植物とは、本来はその地域に生育していないが二次的に渡来し野生化した外来植物の総称」で「国内に八〇〇種ある」と書いてあります。『日本の帰化植物』（平凡社、二〇〇三年）という図鑑では「人間活動によって外国から日本に持ち込まれ日本で野生化した植物」という考え方を採用しています。

帰化とは国境を超えた移住を意味しますが、各地域に固有種が多い日本では、国外だけではなく国内の他の地域から持ち込まれた植物も考慮する必要があります。そのためには外来植物という言葉の方が便利です。『日本帰化植物写真図鑑　第2巻』（全国農村教育協会、二〇一〇年）によると、二〇〇九年の段階で、全国で一三〇〇種が確認されています。「鹿児島県外来種リスト」には五〇〇種類の植物名が並んでいます。

どこからの持ち込みが外来なのでしょうか。植物の分布に行政区分は関係ありません。もし、ある地域の野生植物の固有性を守ろうとするならば、同じ種であっても遺伝的に異なる、つまり親戚関係が薄い他の地域の株も持ち込むべきではないということになります。奄美群島や沖縄県において他の地域とはどこでしょう。「島」単位で在来か外来か区別すれば簡単かもしれませんが、正確には、一株一株の間の親戚関係や、人為分布なのか海流や渡り鳥によって運ばれた自然分布なのか、詳細に調べないと判断できません。膨大な人手と時間と予算がかかり、なかなか一朝一夕にできないのが悩みどころです。

写真２　最近、奄美群島で確認された外来種。奄美大島産ネバリミソハギ（左）と徳之島産サケバキンチャクソウ（右）

いつの時代からの持ち込みが外来なのでしょうか。ユーラシア大陸から移住してきた最初の人類が手ぶらで来たとは思えませんし、稲作とともに渡来したらしい耕地雑草もあります。それらは史前帰化植物と呼ばれてきましたが、証拠が乏しいと思われます。図鑑などでは、明治時代以降に侵入が確認された種に、江戸時代以前であっても明確な渡来記録があり正確に鑑定できる種を加えて、外来植物あるいは帰化植物として掲載しています。南西諸島の外来植物については、近年ようやく詳細が明らかになってきました。最近になって名前や分布が報告された種もあります（写真２）。熱帯高地や亜熱帯原産の園芸植物の逸出例も目立ちます。温暖多雨な気候と天敵不在の環境の島々は、故郷より暮らしやすいのかもしれません。

ある外来植物がどのような影響を与えるのでしょうか。具体的な例については国立環境研究所の「侵入生物データベース」が参考になります。すべての外来植物が人畜被害や生態系を撹乱(かくらん)するわけではありませんし、人がしっかり管理している栽培植物が問題視されることはまずありません。

しかし、在来の動植物は地域によって違うので、ある場所で、ある外来植物が在来のどの動物や植物に影響するのか予想がつきません。そこが問題なのです。愛(め)でるか、放置するか、管理するか、駆除するか、人間の都合や好悪の感情で決めてよいとは思えませんが、外から持ち込んだ草木を自然の中に植えたり捨てたりすることは、マングースやカミツキガメを野に放つことと変わりありません。取り返しのつかないことが起こる不安があるならば、水際で止め、継続的にモニターし、悪影響が拡大する前に対策をとること、政治と行政と科学と私たち一般市民が役割分担をしながら連携することが大切です。このことは新型コロナウイルス感染症への対応と似ています。

冒頭の小学生は私です。自宅近くの空地に現れた巨大なセイタカアワダチソウの大群落は在来のアキノキリンソウを見慣れた目には異様でした。面積が小さく、固有種が多く、撹乱に弱い「島」では、導入した栽培植物をきちんと管理し、見慣れない植物の繁茂に注意を払い、在来の生態系への影響を小さくした方が、環境の持続性からみて安全です。

在来種からなる各島固有の森や草原を原風景とする人は外来植物の侵入にいち早く気づけます。世界遺産級の自然環境を保つことによってそのような人を育て、逆に、そのような人が各島に育つことによって世界遺産級の自然環境の価値と恩恵を次世代に引き継ぐことができると思います。

5　河川で見られる外来植物

川西基博（鹿児島大学教育学部）

植物の外来種は、観賞用、食用、牧草、緑化など有用植物として導入されたものと、意図せずに持ち込まれたものがあり、その経路も原産地もさまざまです。奄美大島でも多くの外来種が見られ、身近な植物となったものも少なくありません。一般的に外来植物が定着しやすいのは表土が頻繁に撹乱されて明るい場所です。人の活動が盛んな市街地や耕作地、道路沿いなどはその条件に当てはまり、逸出の機会も多いことからたくさんの外来植物が生育しています。

これらの立地に隣接することの多い河川下流域では、以上の条件に加えて水辺の環境が存在するので、湿地や水中に生育する外来植物も生育可能となります。そのため、河川下流域は最も多くの外来植物が生育する立地と言っても過言ではありません。河川沿いの植物群落では、流路の水底から水際、河川敷の砂州から堤防までにかけて、主に水位と地表攪乱の状況によって植物群落の種類が変化し、いずれの群落でも外来種が混生するのが普通です。

奄美大島の河川下流域では、水底から水際にかけてキクモ、オオサクラタデ、ヒメガマ、コウガイゼキショウといった在来種からなる水生・湿性の植物群落が成立しますが、ここでは観賞用水草として導入されたオオフサモ（アリノトウグサ科、南アメリカ原産）やセイヨウミズユキノシタ（アカバナ科、北半球に広く分布）などの外来種が侵入しています。

一方、砂礫堆（されきたい）上に成立する在来の植物群落としてはセイタカヨシ、ハチジョウススキなどの大型イネ科植物、ヤナギタデ（タデ科）、タイワンカモノハシ（イネ科）、ツルマオ（イラクサ科）などの草本、アカメガシワ（トウダイグサ科）、エゴノキ（エゴノキ科）、ウラジロエノキ（アサ科）などの落葉樹などからなる多種多様なタイプが見られます。ここでは、緑化用に導入されたアメリカハマグルマ（キク科、南アメリカ原産）や、暖地型多年生飼料作物として昭和初期に奄美大島に導入されたナピアグラス（イネ科、熱帯アフリカ原産）、鑑賞用に導入されたシュロガヤツリ（カヤツリグサ科、マダガスカル原産）、オオバナノセンダングサ（別名タチアワユキセンダングサ、シロノセンダングサ、キク科、熱帯アメリカ原産）、ムラサキカッコウアザミ（キク科、熱帯アメリカ原産）、非意図的移入と考えられているヤナギバルイラソウ（キツネノマゴ科、メキシコ原産）やハリビユ（ヒユ科、北アメリカ原産）などの外来種がよく見られます。

　奄美大島の河川で見られる特定外来生物（特に生態系や人の生活へ大きな影響を及ぼすおそれの高い外来生物）としては、大正時代に観賞用の水草として日本に導入されたオオフサモが挙げられます。メス株のみが持ち込まれたため種子はできず、もっぱら栄養繁殖によって増殖し、分断された茎からも発根して分散します。家庭や商店などのアクアリウムで栽培された個体が河川へ逸出したと考えられますが、かつては外来種への認識不足から自然の復元や生態系保全を目的とした河川整備の公共事業で植栽されたこともありました。そうして定着したオオフサモが河川や湖沼で大繁殖し水面を覆いつくした例が多く知られています。

　二〇一六年に奄美大島のいくつかの河川でオオフサモの定着状況を調査したところ、奄美市名瀬の大川（おおかわ）、小宿川（こしゅくがわ）、有屋川（ありやがわ）、および龍郷町の大美川（おおみがわ）ですでに高密度の群落が成立していることが確認できました（写真3）。一方、奄美市住用町の住用川（すみようがわ）、役勝川（やくがちがわ）、大和村の大和川（やまとがわ）、宇検村の河内川（かわうちがわ）では定着は確認されませんでした。オオフサモが未定着の河川でも他の外来種がすでに数十種定着していたので楽観視はできませんが、今後もオオフサモが侵入しないように注意しなければいけません。

いったん定着した外来種をどうするのか、という問題はさまざまな面で難しい判断をせまられます。外来種の駆除はたいへんな労力と時間がかかり、根絶するのは容易ではありません。費用対効果を考えると大規模な駆除事業を実施するのは難しい場合がほとんどです。

写真３　奄美市名瀬の大川に侵入したオオフサモの密な群落

以前、高校生を対象とした植物観察会で外来種の駆除事業を紹介した際に、参加者から「外来種も一生懸命生きているのに、悪者扱いされて駆除されるのはかわいそう」という感想がよせられたことがありました。確かに、そもそもは人間によって移動させられたことが原因なのですから外来種に罪はありません。しかし、外来種による在来種への影響や農林水産業被害が大きい場合は見すごすわけにはいかなくなり、やむを得ず駆除されることになってしまいます。良いことは一つもありません。

こうした悲劇的な状況を生み出さないために最も重要なのは、私たち一人一人が外来種を逸出させないように気をつけることです。外来種のすべて持ち込んではいけない、ということではありません。外来種を扱う場合は、その種が生態系に及ぼす影響を理解し、逸出させないための十分な管理が可能かどうかを検討したうえで、利用の是非を決めることが重要です。

6　外来植物対策、捨てないこと

鵜川　信（鹿児島大学農学部）

奄美群島には、地史的背景のもと、多くの固有種が生息します。これらの一部は個体数が少なく、絶滅の危機に瀕（ひん）しています。しかしながら、奄美群島には、盗掘やロードキル、外来種の影響など、絶滅危惧種に対する脅威が依然として存在します。かけがえのない固有種を存続させるためには、これらの脅威に対して有効な対策を講じていかなければなりません。

外来種対策では、奄美大島におけるマングースの問題が最もよく聞くところだと思います。現在、地域関係者の努力により、その脅威が取り除かれようとしています。一方、奄美群島で確認されている外来種はほかにも存在します。アカミミガメ、ハイイロゴケグモ、スクミリンゴガイ、オオクチバス、ティラピアなど、意外にも多くの外来種が確認されています。

　これらの外来種は環境省や鹿児島県のホームページで確認することができます。環境省では、国内の生態系に被害を及ぼす恐れのある外来種を「生態系被害防止外来種リスト」に掲載しています。また、鹿児島県では、県内の生態系に被害を及ぼすおそれのある外来種を「特定外来動植物」に指定しています。

　多くの外来種のなかで、私たちがよく耳にするのは、目を引きやすい大型の哺乳類か、人への毒性を有する生き物です。奄美群島でも、マングースはいうまでもなく、近年、ノネコやノイヌなど、ペットとして飼われていた大型哺乳類の問題に注目が集まっています。また、ヒアリやセアカゴケグモほどではありませんが、アフリカマイマイも人に感染する広東住血線虫（かんとんじゅうけつせんちゅう）を有することで、その存在を耳にしているかもしれません。

　一方、これら「目立つ外来種」の陰で、ゆっくりと、しかも確実に定着が進行する外来種が存在します。植物の外来種です。奄美群島では、アメリカハマグルマ、オウゴンカズラ、オオキンケイギク、ギンネム、ムラサキカッコウアザミ、ホテイアオイ、ボタンウキクサなど、多くの

写真４　地表面を覆い、樹木に登はんするオウゴンカズラ（徳之島喜念浜）

外来植物が確認されています。これらの外来植物に共通することは、その繁殖力が旺盛であり、繁茂によって他の植物の生息空間を奪い、結果として、植物群落の構造を大きく変えてしまうことです。例えば、アメリカハマグルマは、蔓状の多年生草本で、匍匐して地表面を覆ってしまいます。ホテイアオイは、ため池やダム湖で繁殖し、水面を覆うことで、他の水生植物の生育を阻害します。

これらの外来植物のうち、私たちの研究チーム（鹿児島大学農学部育林学分野）では、オウゴンカズラの駆除方法を研究しています（写真４）。オウゴンカズラは、観賞用に持ち込まれたものであり、園芸植物「ポトス」としてよく知られています。東南アジアを原産とするサトイモ科の多年生草本であり、蔓状に匍匐して地表面を覆い、ときには樹木によじ登り、その表面を覆います。これまでの研究で驚いたことは、その再生能力の高さです。

葉が一枚ついた長さ一〇センチメートルの蔓（重さ六・五グラム程度）を森林の地表面に放置したところ、二カ月後には新しい蔓が伸び、新しい葉も形成されていました。このことは、野生で繁茂するオウゴンカズラを物理的に除去しても、小さな植物体を取り残せば、再生して再び繁茂することを示しています。物理的な除去だけでも大変な苦労なのですが、さらに、取り残しを回収する細かな作業が必要になります。オウゴンカズラ一つをとっても、外来種の駆除には相当な労力が費やされます。

外来種はいうまでもなく、人間が持ち込んだものです。特に、イヌやネコなどのペット、オウゴンカズラやムラサキカッコウアザミなどの観賞用植物が野外に捨てられたことがこれら外来種問題の一つの原因でもあります。逆に考えれば、家庭で飼育・生育しているペットや観賞用植物を捨てないだけで、外来種対策に大きく貢献できるのです。繁殖した外来種を駆除するよりも、初めに捨てないことが、どんなに有効な外来種対策となることでしょう。かけがえのない奄美群島の生態系・生物多様性を愛しむために、ペットや観賞用植物を愛しんでほしいものです。

Ⅳ 哺乳類・鳥類・節足動物

1 守られる動物、追われる動物

藤田志歩（鹿児島大学共通教育センター）

野生動物問題もしくは鳥獣問題と聞いて何を思い浮かべるでしょうか。イノシシ、シカ、サルなどによる農林業への被害は全国的な問題です。シカの個体数増加によって森林植生が衰退します。市街地に迷い込んだクマ、イノシシ、サルは、人に危害を与える存在とみなされます。アライグマ、クリハラリス（タイワンリス）、アカゲザルなどの外来種は、強い適応力や繁殖力で在来種との競合を引き起こすだけではなく、在来種との交雑により遺伝子攪乱をもたらします。また、最近では、野生動物が保有する病原ウイルスによる被害も深刻です。豚熱や鳥インフルエンザは、国内でひとたび発生すると厳しい防疫措置がとられ、畜産農家にとって脅威となります。これらの病原ウイルスは野生動物や野鳥からも確認されています。

奄美群島でも、野生鳥獣と人間との間にさまざまな軋轢があります。ただし、奄美群島の動物相はその多くが固有種で構成されるため、特有の問題もあります。リュウキュウイノシシは、奄美群島の人々の生活と古くから密接に関わってきました。奄美群島・沖縄諸島の遺跡からはイノシシが出土しており、先史時代より狩猟の対象とされ、貴重なタンパク源でした。農耕が始まると、イノシシは畑を荒らす害獣でもありました。シシゴモリは大人が一人すっぽりと入ってしまうほどの大きな落とし穴で、イノシシを捕るための伝統的な狩猟法の一つです（写真5）。畑の周りに多く仕掛けられ、山中には今でもその跡が残っています。現代においても、

写真5　イノシシの被害対策。奄美市住用町のシシゴモリ（上）と大和村の侵入防止策（下）

イノシシによる果樹やサトウキビなどの基幹産業への影響は大きく、奄美大島と徳之島を合わせて毎年一〇〇〇~二〇〇〇頭が被害防除のために捕獲されています。

一方、徳之島のイノシシは環境省レッドリストに「絶滅のおそれのある地域個体群」に分類されています。リュウキュウイノシシは奄美大島、加計呂麻島、請島、徳之島をはじめ沖縄諸島にも分布する固有亜種ですが、同じ種（亜種）であっても、孤立した個体群は他の地域とは異なる遺伝的特性をもちます。生物多様性保全のためにも、遺伝子の多様性を保全することは重要であり、適切な個体群管理が求められます。

農作物に被害を与える害獣として、最近ではアマミノクロウサギの名前を聞くようになりました。アマミノクロウサギがタンカンの樹皮をかじる被害が発生しており、その被害額は増加しています。アマミノクロウサギは、戦前から戦後にかけての森林開発や、一九七〇年代にハブ対策として導入されたマングースの捕食によって、生息数が減少しました。そのため、アマミノクロウサギは環境省レッドリストの「絶滅危惧ⅠB類」（近い将来における野生での絶滅の危険性が高いもの）に分類されています。さらに、国の特別天然記念物にも指定されています。また、愛嬌のある姿かたちや特徴的な子育てスタイルから、奄美大島や徳之島のマスコット的存在にあり、象徴種（環境保全活動への関心を引き起こすシンボルとなる種）としての役割もあります。このように、アマミノクロウサギは保護の対象として扱われるため、他の害獣とは異なり被害管理のための合意形成が難しいという側面をもちます。アマミノクロウサギについては、保護策とあわせて、被害防除の方法を早急に確立・普及する必要があるでしょう。

野生動物が人に及ぼす影響は「被害」として認識されますが、逆に、人から野生動物への影響はしばしば見すごされます。人に飼われていたネコやイヌが野生化するとノネコやノイヌとなり、固有希少種の捕食者となります。家畜のヤギもしかり、野生化してノヤギとなれば自然植生を破壊するだけではなく、表土の流出を引き起こします。集落に出没した野生動物は自動車事故の被害に遭います。アマミノクロウサギなど夜行性の動物は特に、夜間の暗い路上でよく事故に遭います。奄美大島や徳之島が世界自然遺産に登録されたことにより、これからますます観光客が増加すれば、観光による野生動物への影響についても考えていかなければなりません。野生動物に出合えるナイトツアーは観光客にとって魅力的な体験ですが、観察対象となる動物にストレスを与えたり、人がもつ病原体を野生動物にもち込んだりするリスクがあることが報告されています。

人と野生動物の軋轢は、時代とともに様相を変えながら常に存在してきた課題です。人にとって害のある動物か、守るべき存在かは人間の捉(とら)え方次第で変わります。人間の都合ばかりを考えずに、共にあり続ける方法をこれからも探りたいと思います。

2　コウモリ探しから事故防止まで

浅利裕伸（帯広畜産大学環境農学研究部門）
（鹿児島大学国際島嶼教育研究センター・令和元年度客員研究員）

コウモリと聞くと嫌なイメージをもつ人がほとんどでしょう。私も子どものころは秋田県の山奥でコウモリのねぐらを（怖いもの見たさで）覗き（のぞ）に行って、「血を吸われる！」と走って逃げた思い出があります。しかし、今となってはコウモリを捕まえて満足げになっていますし、そもそも血を吸う（舐（な）める）コウモリは世界に三種しかいないうえ、日本には生息していません。日本にはコウモリと呼ばれるものには大型の〇〇オオコウモリと名のつくものが二種、小型コウモリが三四種知られており、小型コウモリは主に蚊などの虫を食べています。

「奄美大島にはどのようなコウモリが、どこに生息しているのだろうか？」。この疑問は私が奄美大島で研究を始めたきっかけです。私は二〇一五年秋に初めて奄美大島を訪れました。奄美大島といえば自然の宝庫という漠然とした印象をもっていましたが、実際に山に入ると、とても感銘を受けました。野生動物と人との距離が近く、個体数も多そうです。このような場所であれば、昔からコウモリの研究が進められているのだろうと思っていたのですが、実際は違っていました。特に、夜行性で小型の種は人目にもつきにくく、調べられていませんでした。そこから、「どのようなコウモリが…」が頭に浮かんだのです。

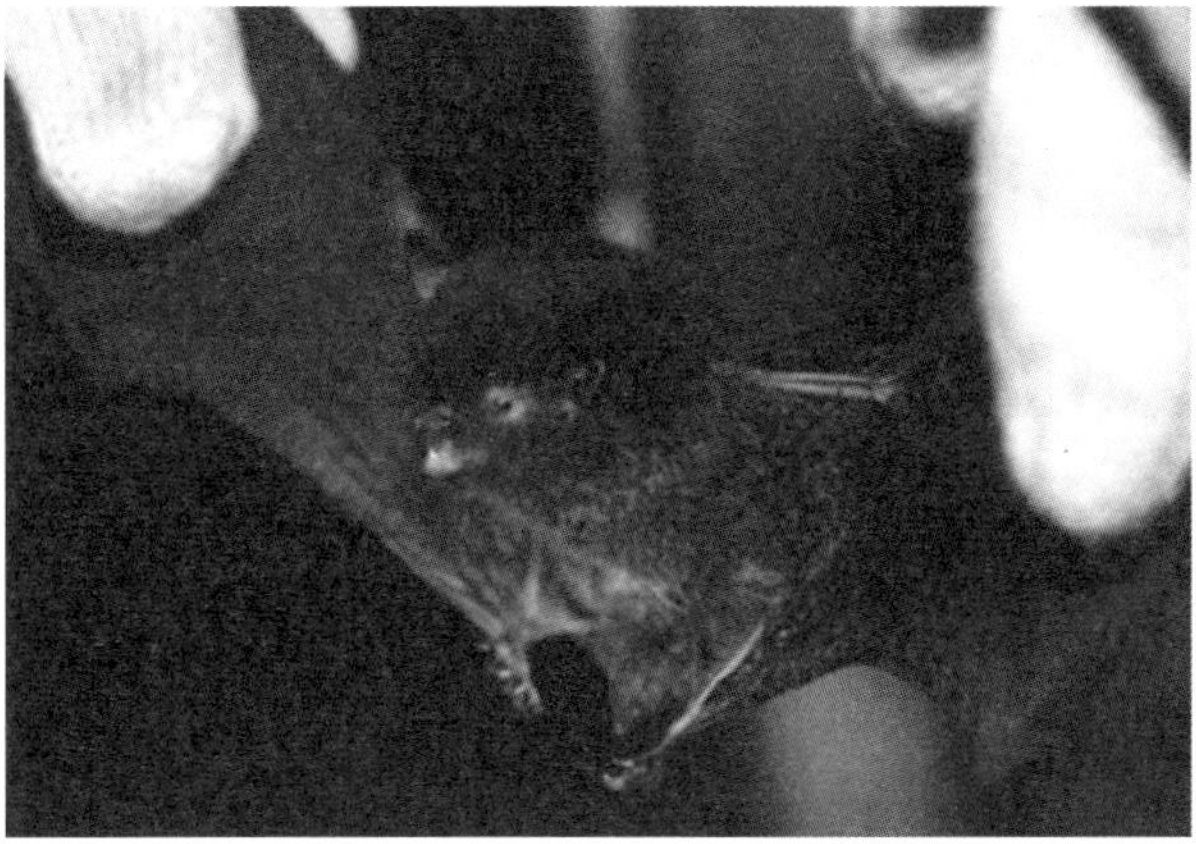

写真６　2016 年に捕獲されたヤンバルホオヒゲコウモリ

二〇一六年から二〇一八年まで島全域で捕獲調査を行い、過去の情報も含めて少なくとも八種の生息を明らかにしました（写真６）。さて、これらがどこに生息しているのか？は難問です。全体的には西部のさまざまな場所で複数の種が見つかっていますが、北東部では生息情報すら少ない状況でした。ここまではわかっていますが、八種の生態は異なることから、それぞれの種についてねぐらや採餌場所を特定しなければなりません。餌（虫）が発生しそうな環境（森林など）を好むとは思うものの、飛翔する高さも種によって異なるため、一概には決められません。これから先も調べることは山積しています。

私が奄美大島で研究をしてきたもう一つのテーマは、野生動物の交通事故（ロードキル）問題についてです。この問題は世界的な課題となっているものの、日本の研究は諸外国に比べて遅れているのが現状です。優先的にロードキル対策の対象となるのは、人身事故につながりやすいシカやクマなどの大型動物、ヤンバルクイナやイリオモテヤマネコのような希少生物ですが、これらの対策もうまくいっている事例はほとんどありません。

アマミノクロウサギの生息地は奄美大島と徳之島のみであり、毎年ロードキルが発生していることは種および島の生態系の保全にあたり大きな問題です。アマミノクロウサギの特徴といえば、夜間道路に出てくることです。夜、道路に出てくれば走ってくる車両とぶつかるのは想像に難くないでしょう。ロードキルを防ぐための一般的な方法は柵の設置です。しかし、観光客は道路に出てくるアマミノクロウサギを見て、野生動物のかわいさ、不思議さ、自然の豊かさなどを感じることができるため、アマミノクロウサギが道路に出てくることを妨げたくはありません。

また、動物警戒標識も広く利用されていますが、固定された変化のない標識はドライバーに慣れが生じるため効果が低いと考えられています。そこで、私はアマミノクロウサギの道路出没情報をリアルタイムでドライバーに伝えることで、ドライバーに慣れを生じさせずに「今まさに道路にいます」の注意喚起（速度注意）をすることができないかと考えました。動物が道路に出てくることを検知するセンサーとそれを受信する機器、さらに注意喚起を促す看板を組み合わせたシステムを作成し、実証実験を行いました。

このシステムはうまくドライバーの減速を促すことができたため、事故を防ぐだけではなく、アマミノクロウサギを思う存分国内外の方に知ってもらい、奄美大島の自然の豊かさを伝えることができるでしょう。これからも自然環境への負荷を最小限に保ちながら、すばらしい島のよさが国内外に伝わることを期待しています。

3　アマミノクロウサギと観光圧

鈴木真理子（環境省奄美野生生物保護センター）

奄美大島に住んで五年以上になりますが、「アマミノクロウサギを研究しています」と言うと、ありがたいことに多くの人がさまざまな情報を提供してくれます。「あそこで見ました」という目撃情報はもちろん、目撃したおもしろい行動や発見した子育て巣穴の状況をこまめに教えてく

写真７　道路上に残されたアマミノクロウサギの糞

れる人もいます。「昔食べたクロウサギはおいしかった」と、林道ですれ違いざまに教えてくれた高齢の猟師もいました。どこに行ったら見られるのか、自分が見た行動はどういう意味があるのか、生態について詳しく聞きたいと訪ねてくる人もいます。

本項と次項では、奄美大島で暮らし、研究してきたなかで直面した出来事にふれながら、アマミノクロウサギを中心に現在どのような問題があるのかについて紹介したいと思います。

Ⅳの１「守られる動物、追われる動物」を執筆された藤田志歩さんに「増加するナイトツアーはクロウサギにとってストレスになっているか」という研究テーマを与えていただき奄美大島にやってきたのですが、そもそもはナイトツアー増加による野生動物への影響に危機感を抱いた島の人たちが藤田さんに相談したのがきっかけでした。その一人で、自身もガイドをやっている永江直志さんに、奄美大島に来てすぐの昼間、奄美市住用町へアマミノクロウサギの糞（ふん）を見に連れていってもらいました。アマミノクロウサギは夜行性で、川辺などの開けたところで草などを食べたり、糞をしたりすることが知られています。

人工的につくられた林道も山の中では河川沿いと同じ役割を担っており、道路上にはたくさんの糞が落ちていました（写真7）。前年の二〇一四年の夏、ある林道が台風で一時通行止めになったとき、道路上の糞はそれまでと比べて倍以上に増加したそうです。道路が通行止めになり、交通量が減ったことでアマミノクロウサギが自由に道路に出没できるようになったのではないかと予想しました。

写真８　道路でゆっくりと排せつするアマミノクロウサギ

そこで二〇一五年の夏から、自動撮影カメラを設置し、アマミノクロウサギの林道への出現頻度の変化を確認することで行動への影響を調べるとともに、糞からストレスホルモンを抽出して生理的な影響を調べることにしました（写真8）。その結果、アマミノクロウサギの行動は交通量の増加に多少なりとも影響を受けているということがわかってきました。

奄美大島は、二〇一三年に徳之島・沖縄島北部・

西表島とともに世界自然遺産登録に向けて正式に動き出しました。世界自然遺産は、開発が進み失われていく自然を人類の遺産として守るための仕組みといえますが、一方で推薦には国立公園指定などの保全策をとる必要があり、そのためには遺産的価値を広め、住民や国民に認めてもらう必要があります。遺産としてのすばらしさを語るとき、それはどうしても観光客を集めてしまうでしょう。奄美大島は交通の便の悪さも含めて、それまで沖縄県の陰であまり注目を浴びてきませんでしたが、遺産登録のための動きとともに、観光客は増加しています。

ナイトツアーの増加はアマミノクロウサギにどのような影響を与えるのでしょうか。アマミノクロウサギにとって採食する場への出入りを観光客に邪魔されることは食事の場を奪われることになります。また、繁殖シーズンには二匹で追いかけっこしている姿がカメラなどに映りますが、そういった繁殖行動も制限される可能性があります。したがって、生態や個体群存続への影響は小さくないと考えられます。では、アマミノクロウサギが観光の影響を受けて行動を変えないぐらい「人慣れ」したらいいのでしょうか。観光地の野生動物の「人慣れ」についてはさまざまな場所・野生動物で研究がなされており、「人慣れ」にも問題があることがわかってきました。野生動物との距離が近づくことは、交通事故の増加や野生動物への病気の媒介などの原因ともなります。最近の研究では、野生動物の観光圧に対する鈍感さは在来・外来の捕食者や他の脅威への鈍感さにつながると指摘する報告もあります。アマミノクロウサギについても今後考えていく必要があるでしょう。

一方で、野生動物観光はその土地に経済効果だけではなく、保護意識や環境教育の向上をもたらすという見方もあります。そのような利益を得つつ、自然への負荷を最小限にする方法を考えることが「持続的な観光利用」です。アマミノクロウサギは私たちに持続的な観光利用とは何かを考えるきっかけを与えてくれる存在なのです。

4　アマミノクロウサギとネコ、農業被害

鈴木真理子（環境省奄美野生生物保護センター）

アマミノクロウサギの調査を始めるにあたり、島に来たばかりの私を最初に夜の山へ連れていってくださったのが、アマミイシカワガエルを在野で研究されている大海昌平さんでした。そして、大海さんのタンカン畑にはアマミノクロウサギが出没しており、そこでの調査を提案していただきました。畑に自動撮影カメラを設置し、アマミノクロウサギの繁殖行動の観察を始めま

写真９　巣穴から出たばかりのアマミノクロウサギの幼獣（上）とそれを狙うネコ（下）

した。子育ての記録が取れたと喜んでいたある日、そのカメラに子ウサギをくわえてもち去るネコが映っていました（写真９）。

　ネコは人類が家畜化した動物です。農耕が始まり、穀物庫のネズミを退治するために飼い慣らされたのが始まりだといわれています。奄美大島や徳之島の人にとっては、ハブ対策は重要であり、ハブ対策のためにイタチやマングースなどの外来捕食者を野に放す対策が取られていた時代もありました。しかし現在では、世界各地で放された外来捕食者が在来動物を捕食し、多くの種の絶滅を招いていることが明らかになっています。『ネコ・かわいい殺し屋』（築地書館、二〇一九年）には、ネコの捕食によって世界中で野生動物が絶滅または絶滅の脅威にさらされている事例が紹介されています。

先ほどのカメラには、初めて巣穴から外出した子ウサギがのんきに斜面をおりてくるところを一撃で狩るネコの俊敏な動きが映っていました。アマミノクロウサギは、その形態や生態を考えると、他のウサギ類と比べて、捕食者から逃げる脚力や繁殖力をもち合わせていません。アマミノクロウサギは九四五万年前に大陸で誕生したといわれています。その後、中琉球（奄美群島・沖縄諸島）が大陸から離れた一七〇万年前から現在まで、島にはイヌ科やネコ科の捕食者はいませんでした。つまり、捕食者から逃げる脚力も繁殖力も必要なかったと考えられます。

奄美群島のネコ問題を研究している塩野﨑和美さん（奄美自然環境研究センター）により、奄美大島でもアマミノクロウサギをはじめ多くの小動物がネコに捕食されていることがわかってきました。奄美大島の森林域には六〇〇～一二〇〇匹のネコが生息しているといわれています（二〇一五年現在）。この事態を受け、二〇一七年に環境省と鹿児島県、奄美大島五市町村が「奄美大島における生態系保全のためのノネコ管理計画」を策定し、山での捕獲と里での発生源対策が始まりました。

話は変わって、私が奄美大島に来たころから、アマミノクロウサギによるタンカンの樹皮はぎが目立ってきていました。被害が最もひどい畑では、果樹の樹皮がきれいにはがされて、白骨のような状態になっていました。被害農家の方は、「クロウサギを守りたいという話題を耳にするととても腹が立つ」と言っていました。森林伐採や外来種により生息地や個体数が減少したアマミノクロウサギは、国の天然記念物や国内希少野生動植物種に指定され、法律によって守られています。幸いなことに、国立公園指定による生息地の保護やマングースなどの外来種対策も進み、この数年でアマミノクロウサギの個体数や分布は回復傾向にあります。アマミノクロウサギは奄美大島と徳之島にしか生息していないので、まずは絶滅の心配がなくなるようにする必要があります。しかし、その先には「増えたアマミノクロウサギとどう付き合っていくのか」という課題が待っています。実際に被害を受けた果樹を前にすると、その悔しさはよく理解できました。被害農家の方のご協力のもと、アマミノクロウサギが果樹に登って樹皮をかじる様子を自動撮影カメラで記録し、地元紙で取り上げてもらいました。現在は鹿児島県大島支庁と大和村、徳之島町が中心となり対策会議を立ち上げ、鹿児島大学の国際島嶼教育研究センターや農学部、鹿児島市平川動物公園の協力のもと、被害対策に取り組んでいます。

貝塚時代（約一万〜一〇〇〇年前の狩猟採集をしていた時代）ではなく現代を生きる私たちにとって、「自然との共存」は言うほどやさしくはありません。しかし、希少野生動物の起こす「害」への対策も視野に入れつつ、観光圧の軽減や外来種対策など保護対策を実践していくことで、アマミノクロウサギをめぐる問題は、野生動物との現代的な共存の在り方について、一つの方向性を導きだすのではないでしょうか。

5　愛すべき野鳥たち

鳥飼久裕（NPO法人奄美野鳥の会）
（鹿児島大学国際島嶼教育研究センター・平成二九年度客員研究員）

奄美群島ではこれまでに約三六〇種の野鳥が観察されています。この数は日本で記録のある野鳥のおよそ六割にあたります。日本の国土のわずか〇・三％の面積しかない奄美群島で、これほどたくさんの野鳥が記録されているのには理由があります。九州から台湾につながる琉球弧の島々は、渡りの中継地として、数多くの鳥たちが通過する「道の島」となっているのです。中国に近いという地理的な条件もあって、大陸系の野鳥が迷い込んでくることもよくあります。このように奄美群島で見られる野鳥のほとんどは渡り鳥か迷鳥で、一年中奄美群島に生息している留鳥は実は四〇種くらいしかいません。ただし、そのほとんどが固有種、または固有亜種であり、奄美群島近辺にしかいない鳥という点がとてもユニークで、貴重です。

奄美群島にはどのような留鳥がいるのか具体的にみていきましょう。代表的なのはルリカケス。国の天然記念物に指定され、鹿児島県の県鳥にも選ばれている奄美群島のシンボルともいえる鳥です。奄美大島のほか加計呂麻島と請島に生息しており、人里近くにも姿を現すので、昔から親しまれてきた鳥です。同じく天然記念物のオオトラツグミは、かつて「幻の鳥」と呼ばれるほど数を減らしましたが、「奄美野鳥の会」が毎年行っている調査によると、ここ数年、生息数が増えてきています。マングース駆除の効果や森林の回復がその要因と思われます。分布も広がってきていますが、今のところまだ奄美大島の龍郷町以南にしかいません。いずれ奄美大島北部の奄美市笠利（かさり）町や加計呂麻島でも観察できる日が来ることを願っています。

オーストンオオアカゲラも天然記念物で、日本からヨーロッパまで広く分布するオオアカゲラというキツツキの奄美大島の固有亜種です。この鳥はオオトラツグミよりは分布がやや広く、笠利町でも繁殖していますし、加計呂麻島でも観察例があります。もしかしたら、そのうち加計呂麻島でも繁殖が確認されるかもしれません。

アカヒゲはここに挙げた天然記念物のなかでは最も数の多い鳥です。姿も声も美しい小鳥で、新緑の森にこだまするヒーヒヨヒヨヒヨという美声を耳にしたことのある人も多いはずです。

奄美群島では奄美大島、加計呂麻島、請島、与路島、徳之島で繁殖しているほか、トカラ列島や沖縄諸島にも生息しています。ところが奄美群島のアカヒゲと沖縄諸島のアカヒゲは亜種が異なり、最近の研究で遺伝的な隔たりも大きいことがわかってきました。この両亜種は近いうちに別種となる公算が高いようです。

写真10　地上性のアマミヤマシギも、敵を避けるときなど木に止まることもある

天然記念物には指定されていないものの、絶滅危惧種として環境省の保護増殖事業の対象種になっている野鳥がいます。アマミヤマシギです（写真10）。和名にアマミを冠したこの鳥は、奄美大島、加計呂麻島、請島、与路島、徳之島で繁殖する奄美群島の固有種です。アマミヤマシギは地面をのそのそ歩きながら、長い嘴（くちばし）を土の中に差し込んでミミズなどの小動物を食べます。日中は薄暗い森や茂みの中で、夜になると林道などの開けた場所に出てきて餌を探しています。体が重たいせいか飛ぶのが苦手で、夜の林道で自動車が近づいてきてもまずは歩いて逃げ、いよいよ距離が迫るとしかたなく数十メート

ルだけ飛ぶという具合です。

調査のために捕獲する際には、釣った魚を取り込むときに使うタモ網でも用が足りる、どんくさい鳥です。奄美野鳥の会では環境省の委託を受け、アマミヤマシギを捕まえて色足環をつけたり発信機をつけたりして、行動を調べてきました。その結果、この鳥の行動範囲はそれほど広くなく、一年中同じような場所にとどまっている個体が多いことがわかりました。

さもありなんという結果ですが、一方で冬季には、繁殖が確認されていない沖縄島や沖永良部島、喜界島でも観察記録があります。このことから少数が渡っている可能性が示唆されますが、ふだんは飛びたがらないアマミヤマシギが海を越えたりできるのでしょうか。そもそものような短い距離の渡りにどのような意味があるのでしょうか。謎は深まるばかりです。

坂巻祥孝（鹿児島大学農学部）

6　奄美大島は小ガ類の宝庫

日本全土の面積に対して、奄美群島、沖縄諸島はそれぞれ〇・三％、〇・四％を占めるにすぎません。一方、そこに生息する昆虫は奄美群島からは三三八五種、沖縄諸島からは四三九五種が記録されています。日本産の昆虫の総数が約三万種とされていることから、面積はわずかでも、とても種数が多いことがわかります。

さらに、これらの地域にしか生息しない固有種（固有亜種）数となると、沖縄諸島では四〇九種（亜種）であるのに対し、奄美群島では五一三種（亜種）であり、奄美群島の昆虫多様性の特徴は、この固有種の豊富さにあるといえます。特に、奄美大島と加計呂麻島に関して固有の昆虫種の代表例を挙げるなら、渓流が豊かなため、トンボ類が特徴的でアマミサナエ、アマミヤンマが固有種として知られており、徳之島まで範囲を広げて固有なものとしてはアマミトゲオトンボ、アマミルリモントンボなども挙げられます。また、トンボ類以外の昆虫群でもアマミカバフドロバチやオオウメマツアリ、アマミマドボタル、フェリエベニボシカミキリ、ヨツオビハレギカミキリ、アマミヒラタクワガタ、アマミシリアゲ、ユワンササキリモドキなどが固有種（亜種）としてよく知られています。

固有種（亜種）は少ないものの研究者や愛好家が多く、奄美大島でよく調査されている昆虫群としてチョウ類が挙げられます。日本全体で八科約二七〇種記録されていますが、奄美大島だけでも七一種（約二六％）ものチョウ類が記録されています。学術上はチョウ類と同じ鱗翅目に分

写真 11　奄美大島産の学名のないキバガ科の一種、翅を広げても５円玉の穴くらいの大きさしかない

類されるガ類についてはどうでしょう。ガ類のなかでも害虫が多く、もっともよく調査されているヤガ類（ヤガ上科）は、日本全体で六科一七〇〇種が記録されており、奄美大島からは二四八種（約一五％）が記録されています。これに対し、あまり調べられていないガ類もいます。翅を広げた幅が、五～二〇ミリメートル程度の小さいガ類がまさにそのようなグループで、実は日本に産する鱗翅目約五三〇〇種のうち、約二四〇〇種（約四五％）がこの小ガ類なのです。ただ、翅を広げて一〇ミリメートルにも満たない種などは、とても小さいため、昆虫研究者以外からはガとも認識されていません。私が専門とするキバガ類（キバガ上科）もそのような微小ガ類で（写真11）、『日本産蛾類標準図鑑Ⅲ』（学研教育出版、二〇一三年）では、日本全土から八科五八五種が記録されていましたが、奄美大島からはたった二二種（約四％）ととても少ない状況でした。

そこで、鹿児島大学の私たちの研究室では、奄美大島在住の昆虫愛好家の方に協力をお願いし、二〇一二〜二〇一六年の五年間、湯湾岳、赤土山（あかつちやま）、油井岳（ゆいだけ）、奄美市住用町神屋（かみや）地区、宇検村部連（ぶれん）地区などで約七〇回の夜間採集（ライトトラップ）をして、小ガ類を集中的に調査しました。その結果、キバガ類の小ガ類を合計六九種得ることができました。これらのうち、これまでに奄美大島から記録があった種は一八種で、奄美大島初記録が二六種でした。この二六種には日本初記録も一種含まれていました。残りの二五種は同定ができない種でした。同定ができない種というと、頼りなく聞こえますが、中国、台湾、東南アジア、ハワイ、オーストラリアなどから報告されているキバガ類と比較しても一致するものがない種だったのです。過去の記録を調べても出てこない、すなわち、これまでに学名がつけられていない未記載種で、これから新種として記載しなければならないものです。この学名のついていない二五種を含めると、私たちの研究で奄美大島産のキバガ上科小ガ類は九二種ということになりました。この結果は、二〇一八年に日本鱗翅学会誌に発表しました。

しかし、これまでの研究で調査した地域は奄美大島南部山地に偏っており、北部や平地での調査はまだほとんど行っていません。これ以外の場所でも調査を進めれば、多数の未記載種が得られると考えています。私たちが調査した小ガ類に限らず、奄美大島にはまだまだ名前もついていない昆虫がたくさん生息しているようです。

7　奄美群島の吸血昆虫

大塚　靖（鹿児島大学国際島嶼教育研究センター）

奄美群島は過去には蚊によって媒介されるリンパ系フィラリア症の流行地で、皮膚や皮下組織の結合組織が肥大する象皮病の患者が多くみうけられました。鹿児島大学は、このフィラリア症対策と病態究明のために、一九六〇年に医学部附属熱帯医学研究施設を設置し、旧名瀬市と瀬戸内町古仁屋(こにや)に研究室を置きました。日本ではリンパ系フィラリア症を媒介する蚊はアカイエカです。奄美群島の市街地の夜に吸血にくる蚊のほとんどはアカイエカです。

当時、アカイエカは市街地の側溝などに多く発生しており、殺虫剤を散布してアカイエカを防除していました。一九六〇年代に抗フィラリア剤ジエチルカルバマジンが出現してその投与法が確立したことにより、感染者は減少していき、一九七〇年には奄美群島ではほぼフィラリア症はなくなりました。一九八〇年の沖縄県のフィラリア根絶宣言によって日本からリンパ系フィラリア症は完全になくなり、一九八二年に鹿児島大学の熱帯医学研究施設は奄美大島から撤退しました。

蚊と同じく人を吸血する昆虫としてブユがいます。奄美大島や徳之島で人を吸血するブユはアシマダラブユです（写真12）。このアシマダラブユの吸血は五月くらいが多いといわれていますが、奄美大島で定期採集を行うと一年中採集することができます。アシマダラブユは、日本の近代昆虫学を築いた松村松年氏によって一九三一年に北海道で採集された標本をもとに記載された種で、日本では北海道から沖縄島まで広く分布しています。

写真12　アシマダラブユの幼虫が生息する奄美大島の名音（なおん）川

アシマダラブユは、南西諸島では人への吸血被害がよく知られていますが、本土では南西諸島ほど激しく吸血にくることはありません。また、形態においても南西諸島と本土とではわずかに違いがあります。松村氏の門下生の素木得一氏は一九三五年に奄美大島の標本を用いて別種として記載しましたが、のちに各地の標本を用いた形態の再検討や染色体の比較からアシマダラブユと同種とされました。近年は遺伝子の塩基配列の比較も行われていますが、南西諸島と本土とで別種とする明確な違いは見いだされていません。

奄美大島や徳之島では主に山間部でアシマダラブユに吸血されますが、それはアシマダラブユの幼虫が平地ではなく、標高が少し高く、流れが早いきれいな河川に生息する傾向があるからです。海沿いの平地のなだらかな河川にはあまり生息しません。

しかし、鹿児島県の十島村中之島ではアシマダラブユの生息域が集落に隣接していることから、古くからブユの吸血被害に悩まされてきました。過去の採集記録では一時間に一六〇〇個体ものブユが吸血にくることもあり、生活に大きな障害となっていました。中之島ではこのブユの吸血被害を抑えるために、一九八〇年代よりブユの幼虫が生息する河川に殺虫剤を散布することで、大幅に吸血被害を減らすことに成功しました。それ以来、現在も殺虫剤によるブユの駆除を続けています。

とはいえ、殺虫剤を使い続けることには懸念もあります。使われている殺虫剤は人などの脊椎動物には影響はないものの、川に生息する昆虫には影響を及ぼしている可能性があります。フィラリア症対策でアカイエカの駆除のために殺虫剤を散布したときは、ハエもいなくなったといわれています。食事のときなどにつきまとうやっかいなハエがいなくなったことに喜んだ方もいたかもしれませんが、それはフィラリア症対策で目的以外の昆虫を駆除していたことを意味します。

健康被害があるときに殺虫剤を使用して害虫を駆除することは必要ですが、環境への影響には配慮が欠かせません。奄美大島では、中之島のような深刻な吸血被害ではないので、殺虫剤を散布するほどではありません。奄美大島や徳之島でアシマダラブユが生息する山間部に入るときは、ブユに吸血されないためには夏場でも長袖や長ズボンで皮膚をできるだけ露出させないようにすることが重要です。忌避剤を使うのも効果があります。それでもブユに刺されて大きく腫れている方には「アシマダラブユがいるのはきれいで豊かな川があるということですよ」と伝えることで、少しは慰めになるといいのですが…。

8　目に見えるものだけがすべてではない

松野啓太（北海道大学獣医学部）
（鹿児島大学国際島嶼教育研究センター・平成二九年度客員研究員）

今ここに、絶滅に瀕している二種の動物がいるとしましょう。一つはゾウです。大きい体をゆっくり動かし、長い鼻で器用に果物をつかむ、つぶらな瞳のもち主です。動物園にいれば人気者になることうけあいです。もう一つの絶滅危惧種はゴキブリです。ある南国の島にのみ生息する、固有のゴキブリが絶滅に瀕しているといいます。見る人が見れば美しいのかもしれませんが、ゴキブリはゴキブリです。森の枯れ葉の下をカサコソと歩き回っていて、探しても見つからないのに、見たくないときに限って出合ってしまいます。字面もイメージもあまりよろしくありません。

極端な例を挙げましたが、野生動物保護の一つの負の側面です。目立つ、かわいらしい、役に立つ、そんな動物ばかりが保護の俎上に上がり、盛んに研究も行われます。一方で、見つけにくくて、気持ち悪くて、人の役に立たない動物はどうでしょうか？　もちろん、「キモい」動物たちのことを省みてくれる方々もいますが、全体としてはやはり「かわいい」動物の保護に資源がより多く投入されています。仕方がないといえば仕方がないのかもしれません。なぜなら、見つけにくい動物たちが絶滅に瀕しているかどうか、ほとんど誰も気にしていないのですから。

気持ち悪い、を通り越して、害になる虫はどうでしょうか？　蚊やマダニと聞いて、良い顔をする人はまずいないと思われます。どちらも血を吸うだけではなく、病気を媒介する害虫です。いなくなってくれた方が絶対に良いでしょう。賢明なる読者の皆さまは、せっせと蚊取り線香を焚き、殺虫剤を撒き、虫除けスプレーを散布していることと思います。あ、獣医としてはぜひともイヌやネコにはマダニ駆除薬をお願いしたく思います。人間の周囲に出てくるような蚊やマダニは害虫ですから、数を適切に制御し、リスクを低減することが大切です。

一方で、森の中に目を向けてみると、実は奄美群島固有の蚊やマダニが生息しています。私たちのチームの標的は、アマミノクロウサギのみに寄生し吸血するクロウサギチマダニというマダニです。マダニは通常、生涯を通して三回吸血しますが、クロウサギチマダニはそのいずれもアマミノクロウサギからのみ行うという、非常に珍しい吸血行動をとるマダニです。アマミノクロウサギがいなくなれば、当然この希少なクロウサギチマダニも永遠に失われます。かわいい動物を守れば、この気持ち悪いマダニも守ることができるのです。冒頭で問いかけたような悩みはここにはありません。一石二鳥とはまさにこのことです。

幸いなことに、数匹だけではありますが、私たちはこのクロウサギチマダニを採集することに成功しました。ほかにも、タカサゴキララマダニ（成虫は大型で数センチメートル、イノシシのぬた場でびっしりと粉のようについてくるのはこの幼虫や若虫）やチマダニ数種を採集し（写真13）、北海道大学に持ち帰ってウイルスの有無を調べました。奄美大島に住む方々には幸いなことに（私たちにとっては残念なことに）、クロウサギチマダニを含め、今回調査したマダニには病気を起こすようなウイルスはいませんでした。

もちろん、これまで報じられているように、奄美群島のマダニからは病気を起こすウイルス（ＳＦＴＳウイルス）が検出されたこともあるので油断はできません。この結果が示すのは、これま

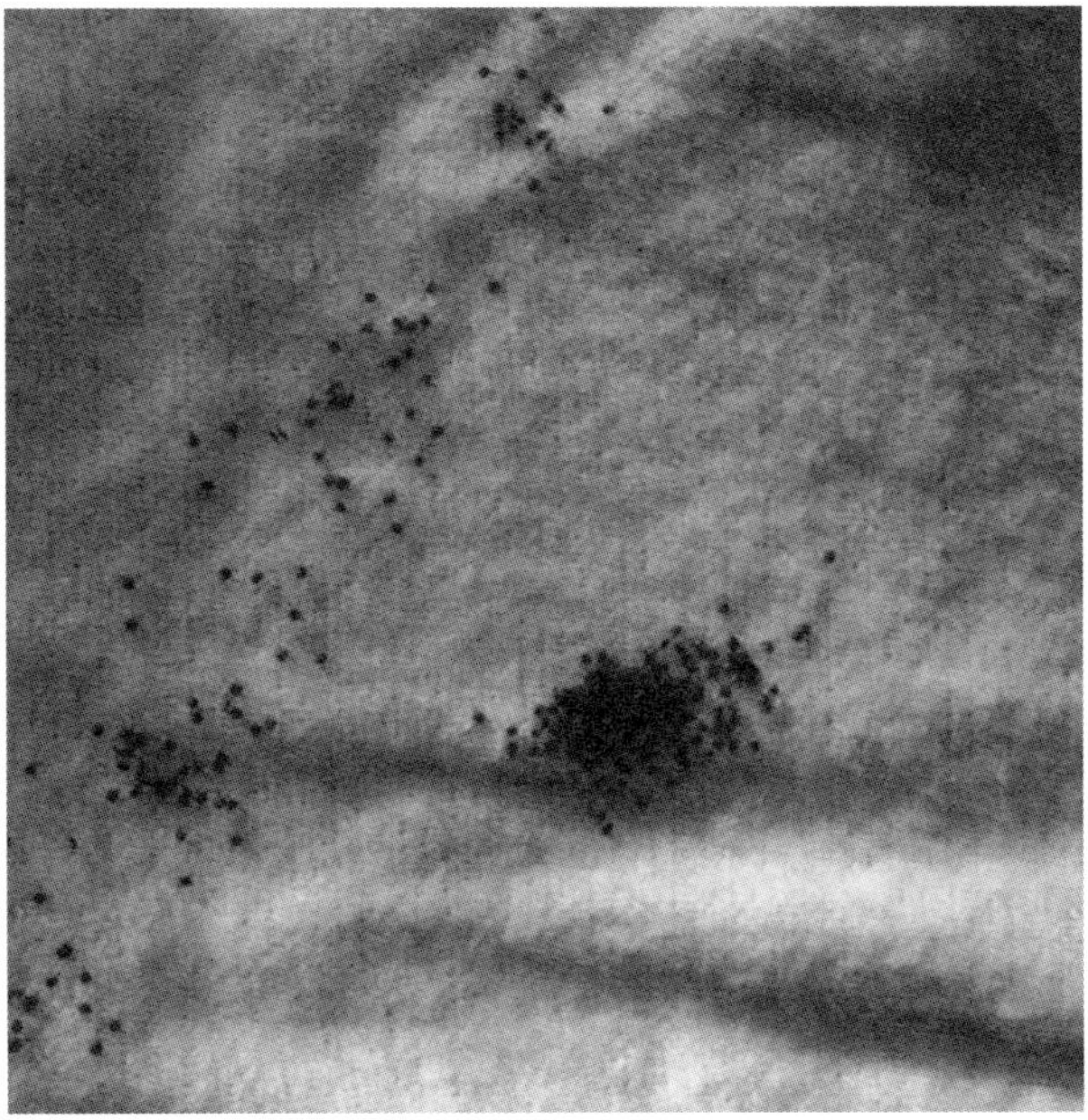

写真13　マダニ調査用の布にびっしりとくっついたマダニ（体長は約２mm）、三太郎茶屋峠のあたり

でどおりのマダニ対策で十分にリスクを避けることができる状況である、ということです。ウイルスは目に見えないので、誰もが一〇〇%の答えを出せないのは、新型コロナウイルスに対応されている専門家の言動をみていただければわかると思います。

さて、一連の調査で得られた貴重なサンプルは、マダニと共生する微生物の解析にも利用しています。人間の腸と同様に、マダニの腸にもたくさんの微生物が住んでいるのです。希少なアマミノクロウサギを唯一の吸血源とする、希少なクロウサギチマダニにのみ寄生する、世にも珍しい細菌が見つかるかもしれません。細菌の絶滅危惧種というのは聞いたことがありませんが、誰か保護してくれるのでしょうか？

V　海・川の生き物

1　未知の魚の宝庫

本村浩之（鹿児島大学総合研究博物館）

奄美群島の海は、日本国内はもとより、世界でも類を見ないほどの高い魚類多様性を誇ります。日本全体からは四五〇〇種の魚類が報告されていますが、奄美大島だけで一六〇〇種以上が記録されており、奄美群島全域では日本の魚類の半数近くの二〇〇〇種ほどが生息すると推測されています。

奄美群島における魚類の研究史は古く、大正時代までさかのぼります。大正から昭和初期にかけては、ロシアやアメリカの研究者によって調査が行われ、その後は現在にいたるまで日本人研究者による調査が連綿と続いています。しかし、これまでの調査は研究者個人レベルの小規模なものであり、最近になるまで奄美大島に生息する魚類の種数さえ把握されていませんでした。

二〇一二年以降、私たちは奄美群島における包括的な魚類相調査を実施し、それと同時に、過去一〇〇年の間に奄美群島から採集され、国内外の研究機関や博物館に保管されていた魚類標本数千個体の再同定を行いました。その結果、冒頭に述べた奄美大島に一六〇〇種、奄美群島に二〇〇〇種という具体的な数値が二〇一八年に明らかになったのです。

調査の過程で、幻の魚の存在が再確認されました。ハタ科のリュウキュウハナダイはロシア人研究者によって一九三一年に奄美大島沖から採集された四個体に基づき新種として記載されました。その後、九〇年経過した現在まで追加の個体や情報は得られていません。スナハゼ科のスナハゼは一九五九年に奄美大島のタイドプールから採集された三個体に基づき記載されましたが、それ以降、追加個体が得られていません。これらの魚はもう絶滅してしまったのでしょうか。今でも奄美大島のどこかでひっそりと暮らしているのであれば、研究者として、あるいは一人の魚好きとして、再発見を期待せずにはいられません。

一方で、近年の調査によって、未知の魚が相次いで発見されています。最近話題になったのは、直径二メートルにおよぶ正円形の産卵巣を作るアマミホシゾラフグです（写真14）。二〇一四年に大島海峡から報告され、「世界の新種トップテン」にも選ばれた魚です。現在では沖縄島周辺からも生息が確認されており、奄美大島（あるいは奄美群島）の固有種ではないことがわかって

写真 14　左上から時計回りにアマミホシゾラフグ、ニゲミズチンアナゴ、ホデリイソハゼ、ミナミウバウオ（鹿児島大学総合研究博物館所蔵標本）

います。

次に注目を浴びたのは、二〇一八年のニゲミズチンアナゴの発見でしょう。奇遇にも「チンアナゴの日（一一月一一日）」に採集されました。本種はとても警戒心が強く、人が少しでも近づくと巣穴に隠れてしまい、離れるとまた出てきます。この性格が「逃げ水」現象に似ていることから「ニゲミズチンアナゴ」と命名されました。学名の fugax は「恥ずかしがりの」、「内気な」、「引っ込み思案の」を意味するギリシャ語に由来し、英名の Shy Garden Eel は、まさに「恥ずかしがり屋のチンアナゴ」の意。大島海峡の限られた場所で四〇個体前後のコロニーが複数確認されており、国外にも広く分布すると考えられています。

二〇一九年には神話に基づいた標準和名が提唱さ

れたハゼ科の二新種が奄美群島から記載されました。琉球列島の神話に登場するアマミキヨに因むアマミコイソハゼと日本神話の古事記に登場する神ホデリノミコト（火照命）に由来するホデリイソハゼです。両種とも体長二センチメートル以下の小さい魚です。二〇二〇年には、ウバウオ科やカマス科の新種も奄美群島全域から記載されました。

このように奄美群島からは毎年一定数の新種が発見されていますが、奄美大島あるいは奄美群島に固有の魚はほとんどいません。奄美大島と喜界島周辺の固有種であると考えられていたタイ科のホシレンコはその分布特性や地元における食材としての人気から、奄美群島を代表する魚といえるでしょう。しかし、この魚も二〇二一年に、沖縄島周辺海域にも生息することが確認され、奄美群島の固有種ではないことが明らかになりました。

2　奄美大島のリュウキュウアユ

久米　元（鹿児島大学水産学部）

リュウキュウアユは奄美大島では「ヤジ」と呼ばれ、古くから地元の人たちに親しまれ、大切にされてきました。リュウキュウアユは北海道から屋久島にかけて生息しているアユとは別の種類で、野生のものは奄美大島でしかみられません。かつては沖縄島にも生息していたのですが、環境悪化にともない一九七〇年代後半に絶滅してしまいました。現在、沖縄島のダム湖でみられるリュウキュウアユは、一九九二年以降、奄美大島産の種苗が放流され、定着したものです。リュウキュウアユとアユの外見はとてもよく似ていますが、リュウキュウアユは一五センチメートル程度と、最大で三〇センチメートルを超えるアユに比べると小型であるという特徴をもちます。

リュウキュウアユとアユの分化には、琉球列島の地史が大きく関わっています。第三紀末期から第四紀初期（約二六〇万年前）にかけて、当時海水面が低く、大陸と陸続きであった南西諸島にはアユが広く分布していましたが、やがて更新世中期（約二〇〇万年前）に生じたトカラ海峡は、今日まで奄美大島以南の琉球列島を日本列島から隔てる形で存在し続けました。琉球列島のアユはトカラ海峡により日本列島のものと切り離され、一〇〇万年レベルで遺伝的交流をもたなくなり、リュウキュウアユとして分化したと考えられています。

リュウキュウアユはアユと同様、寿命はおよそ一年で、川と海を行き来して生活します。春から秋にかけて、奄美大島の南部を主とした河川の上中流域で川底の藻を食（は）みながら成長します。水温の下がる秋になると海に近い川の下流に降りてきて、水深が浅く水の流れの速い瀬で産卵し

写真 15　川を遡上中のリュウキュウアユの子どもたち（約 3 cm で遡上を開始する）

ます。川底の小石に産みつけられた卵からおよそ一〇日間で孵化（ふか）した仔魚（しぎょ）はすぐに海へと下ります。そこで小型の動物プランクトンを食べながら数カ月間をすごし、成長したあと、春になると川を上り（写真15）、上中流域でその年の秋まで成長します。産卵期を迎えると川を下り、下流で産卵後、多くは一年の寿命を終えます。

現在、リュウキュウアユは環境省、鹿児島県により絶滅危惧種に指定され、大切に保護されています。一九九〇年から鹿児島大学、琉球大学、鹿児島県環境技術協会の研究者が中心となり、毎年の生息数についてモニタリングしています。

これまでに得られた調査結果から、個体数は毎年大きく変動すること、海に下ったあとの仔稚魚（しちぎょ）の生き残りの良しあしが個体数を決定するうえで最も重要であることがわかってきました。

また、暖冬の年ほど海から川へ遡上してくる個体の数が少ないことも明らかとなっています。アユとその近縁種は系統上冷水環境を好むため、リュウキュウアユの仔稚魚は暖かい海水温を嫌う可能性が高いと思われます。近年、温暖化による海水温の上昇が指摘されて久しいところですが、リュウキュウアユにとっては非常に厳しい状況であるのかもしれません。

奄美大島の河川には、リュウキュウアユと同じように生まれてから数カ月間を海ですごすボウズハゼやヨシノボリの仲間といった多くの魚類がみられます。奄美大島には深い森が存在し、森から供給される栄養分のおかげで、河川や沿岸域にはこういった魚類の餌である藻類、水生昆虫類、プランクトンなどが豊富に存在しています。

このように奄美大島の河川の豊かな生態系は深い森に支えられており、河川にすむ魚類が生き延びていくには、川はもちろん、森、そして生まれてからしばらくの間をすごす海の環境もまた健全に保たれている必要があります。悠久の時をかけて奄美大島に独自に進化した豊かな河川の生態系を未来の世代に引き継いでいくために、森、川、海といった一連の自然環境をセットとして大切に守っていくことが重要です。

3　イカリムシは悪者か？

上野大輔（鹿児島大学大学院理工学研究科）

本項では、奄美群島の川や池に暮らす生き物について、ちょっと変わった話題を紹介します。主人公は淡水魚に寄生するイカリムシです。日本では、古くから金魚やコイの体の表面に寄生することが知られ、今でもときに水槽で大発生しアクアリストたちを悩ませる存在です。さまざまな魚類に寄生し、ウーパールーパーにも被害が及ぶことがあるようです。知らない人も多いと思いますので、まずどのような生き物か簡単に説明したいと思います。

イカリムシは、五ミリメートル程度の白い棒状の体をもつ淡水魚の寄生虫です（写真16）。名前にあるイカリとは、魚の体内に食い込む頭部の形が、船の錨（いかり）に似ているところからきています。見ようによっては植物のようにも見える生き物ですが、れっきとした甲殻類（エビやカニの仲間）で、学校の理科室にある顕微鏡で観察すれば、小さな触角や脚が生えているのを見つけることができます。

さて、寄生虫というだけあって、イカリムシのことが好きでたまらないという人は多くない

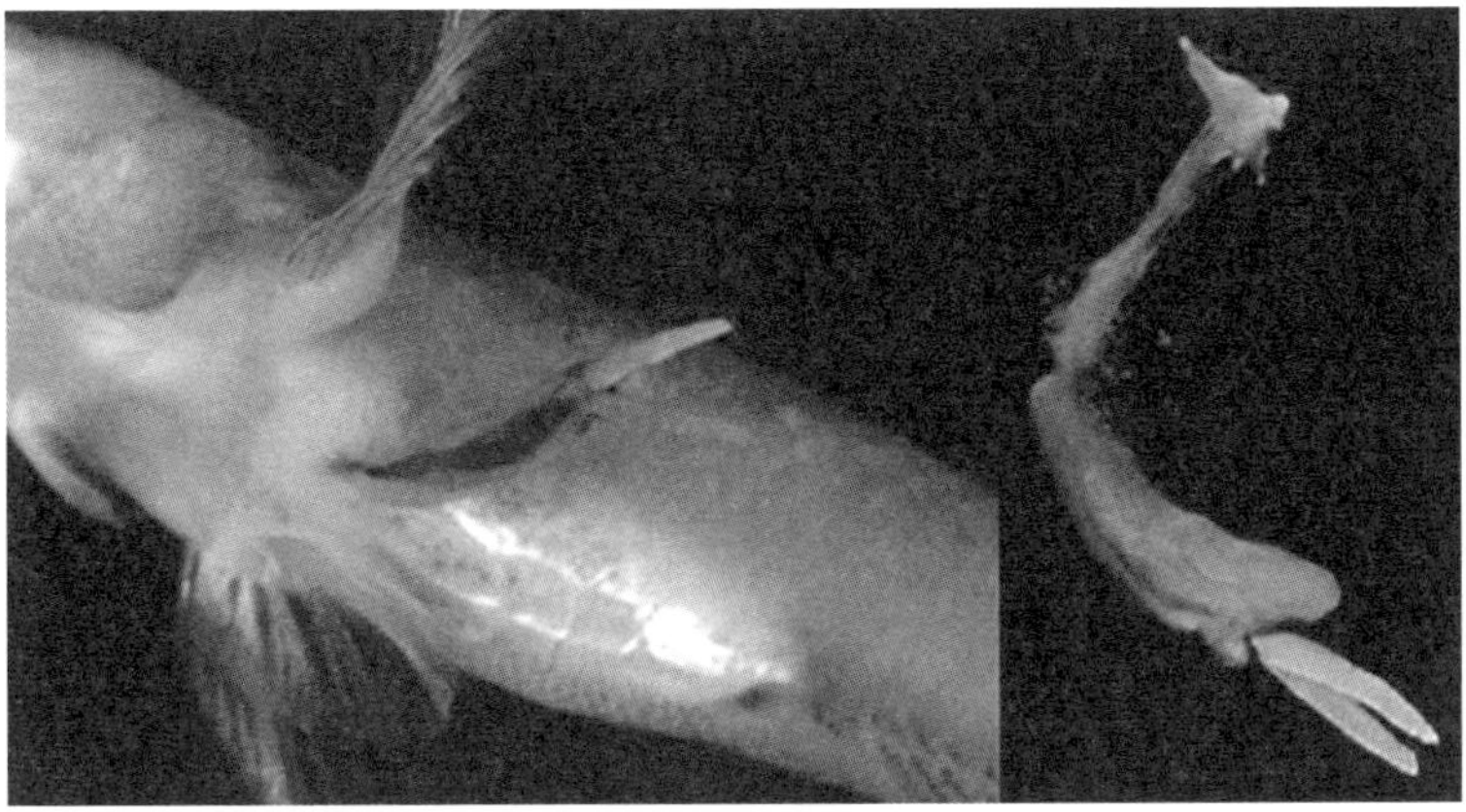

写真 16　ヨシノボリ類に寄生するイカリムシ（左）と摘出された状態（右）

でしょう。そのことが災いしてかはわかりませんが、分布の広がりや生態などはほとんど明らかにされていませんでした。イカリムシは鹿児島県本土では、かねてから川や池にいることが囁（ささや）かれていたようですが、標本という証拠に基づいた分布報告がなされたのは、実は二〇二〇年五月のことです。この際、奄美大島における分布も初めて記録されました。この事実を聞いたとき、皆さまはどのようなことを思い浮かべるでしょうか。

「興味ないしよくわからないよ」という意見は置いておくこととして、おそらく多くの人が「昔からいたけど、誰も気に留めなかったのだろうな」か、あるいは「今までいなかったが、誰かが解き放ったのかな」に近い感想を抱くのではないでしょうか。実は、この疑問に対する正確な答えを現時点で導きだすのは容易なことではありません。

奄美大島が含まれる南西諸島は、大小さまざまな無数の島々からなります。イカリムシが生きていくことができるのは、このうち川や池といった淡水域が発達し淡水魚がいる島です。南西諸島は、沈降と隆起を繰り返した歴史をもち、海中に完全に没したことがある島も多いと考えられています。そういう島は現在も淡水魚が少なく、イカリムシがもともといる可能性は低いでしょう。南西諸島では、奄美大島のほかに沖縄島、久米島、石垣島にはイカリムシが分布することが明らかになっています。これらの島には比較的大きな川があり、淡水魚も豊富です。つまり、イカリムシが生きていくのに必要な環境が整っており、昔から分布していたのではないかという気もしてきます。

ただ、現在の南西諸島の淡水魚の顔触れを見ると、ことはそう単純ではありません。特に沖縄島の池やダムは、今や外来魚の王国です。北米、中南米、アフリカ、東南アジア、中国などを原産とする魚でごった返し、もはや国境はありません。国内他地域から持ち込まれ、放たれた魚類もいるようです。

イカリムシとその近縁な仲間は国内各地をはじめ世界中に分布するため、どこか他所(よそ)から魚と一緒に持ち込まれた可能性も常に考えなくてはなりません。奄美大島でイカリムシが寄生していた魚類は、在来のハゼであるヨシノボリ類と、国外からの外来種グリーンソードテールでした。沖縄島と比べれば、奄美大島へ持ち込まれた外来魚は少なく、昔からイカリムシがいた可能性は高いように思います。ただ、やはり断定はできません。また、現在いるものが在来であっても、近い将来に外来に置き換わる可能性もないとはいえません。

「たかがイカリムシ如き、どうだっていいじゃないか」、「むしろ、まとめていなくなればよい」と思われるかもしれません。しかし、もし将来的に奄美大島のイカリムシが在来のものであることが明らかとなったとしたら、古来より奄美大島の豊かな生態系の一員として存在してきた貴重な個体群ということになります。現在、奄美群島の高い生物多様性は世界の認めるところとなりましたが、多様性を支える一要素として、生物種間の共生・寄生関係は無視できません。要するに、生物多様性が高い場所は寄生虫の多様性も高く、そのなかには貴重な種や個体群も含まれるということです。淡水魚に寄生し嫌われ者のイカリムシですが、はたして奄美大島の河川に暮らす小さなイカリムシは本当に悪者といえるでしょうか。もし、今後見つけた方は決めつけの目で見ず、じっくり考えていただきたいと思います。寄生虫にも在来・外来という概念はもちろん、あるのです。

4　奄美群島の多彩な海と、内湾のサンゴたち

藤井琢磨（かごしま水族館）

皆さまの地域の、あるいは思い出の「海の景色」を思い浮かべてみてください。浜はどのような風景でしょうか。海中をのぞいたことはあるでしょうか。そして、そこにはどのような生き物がいたか思い出せるでしょうか。おそらく、人それぞれ、多少なりとも異なる景色が脳裏に描かれていることでしょう。海はひとつなぎとはいえ、その景色、つまるところ「環境」は場所によって千差万別です。

奄美群島沿岸の海洋環境は、島ごとの違いが際立ちます。国内では唯一ともいわれる深い礁湖（しょうこ）が発達する与論島。海水面の上下動の歴史を示す鍾乳洞が多く、水没した洞からは珍しい水生生物の発見が相次ぐ徳之島や沖永良部島。世界的に珍しい、隆起しつづけるサンゴ礁である喜界島。奄美群島の北側に位置する火山列島のトカラ列島も合わせ、これだけ環境が多様に移り変わる海域は世界でも稀（まれ）です。異なる環境には異なる生物が生息し、したがって環境が多様な海域では種の多様性も高くなります。しかし、鹿児島県海域では、海の生物相に関する研究は十分に進んで

いません。つまり、どれだけ多様であるか、豊かな海であるか、正当な評価がなされていないのが現状です。

環境の多様さは、島の違いに限った話ではありません。同じ島内でも、海岸線をたどれば風景の移り変わりを感じることができるでしょう。一つの集落に限っても、自然度が高ければ、崖や転石帯、砂浜など多様性に富んでいるはずです。奄美大島は、国内でも有数の面積・海岸線距離を有します。一般的に、島の面積が大きくなるほど、また海岸線の距離が長くなるほど、海中でも多様な環境が見られる可能性が高いことが知られています。いわゆる代表的な「南の島」の一つである奄美大島では、沿岸のサンゴ礁は状態の良い場所も多く、興味深い研究課題も少なくありません。

しかし、それ以上に、内湾環境、すなわち周囲を陸地に囲まれ濁りが強い湾や海峡など、より閉鎖的な海域が自然度の高い状態で多々現存することは、この島の海を語るうえでは外せません。内湾環境では、海底を砂や泥が占めることがほとんどです。それら堆積物・懸濁物（けんだくぶつ）は、生物の体表を覆い呼吸などを遮るのみならず、光も遮り、光合成による生産性も低下させます。また、不安定な底質では、移動能力のない生物は流され、あるいは埋もれて死ぬリスクが高くなります。なればこそ、そこに生息する生物たちは進化の妙ともいえるさまざまな姿かたちを見せ、他海域

写真 17　特定の砂底でのみ見られる、スツボサンゴとスツボサンゴツノヤドカリの共生関係

では見られない希少ともいえる種が見つかることも少なくありません。

例えば、近年、大島海峡内の某湾では国内で二例目となるアミトリセンベイサンゴというサンゴが記録されました。ほかにも、現在調査中の種も含めて多数の新発見が得られています。これら内湾に生息するサンゴ類は体表にまとわりつく堆積物を除去する能力に長けており、濁った水域にのみ、高密度に、かつ多様で広大な群集も形成しています。しかし、その存在は見落とされがちで、あるいは調査の手が回らず、基本的な保全の対象からは外れてしまっています。

より潮通しの良い砂地では、自由生活性、すなわち砂の上に浮かぶように生きるサンゴたちを見ることができます。全国的には希少とされるヒユサンゴも、さまざまな場所で目にすることができます。また、骨に孔をあけ、移動能力をもつ「ホシムシ」という相棒を共生させることで砂底でのみ生きる不思議なサンゴ、スツボサンゴも、複数海域で見つかっています。さらには、ホシムシの代わりにサンゴと共生する新種ヤドカリは奄美大島周辺海域でのみ見つかっています（写真17）。実は、これら自由生活性サンゴは、奄美大島周辺海域の特異性・希少性を際立たせる存在なのです。

冒頭に述べたように、自然の景色、それを構成する生き物たちの姿かたち、生き様も、美しいもの地味なもの、その他もろもろ、いろいろあるからおもしろいのです。それをじかに感じられるのが、奄美群島の海です。私たちが行う研究の成果が、島々の、あるいはシマの海を思い出すとき、その一端に個性豊かな生き物たちが含まれる一助となれば幸いです。

5　奄美大島でウミエラ類を探す

櫛田優花（鹿児島大学国際島嶼教育研究センター）

「ウミエラ」という名前の動物を聞いたことはありますか？　ウミエラ類は刺胞（しほう）動物門花虫綱八放（はっぽう）サンゴ亜綱に属する海洋生物です。とはいっても、おそらくほとんどの方は日常生活でウミエラ類とふれ合う機会がないため、ピンとこないかもしれません。刺胞動物門花虫綱には一般の方にも馴染みのあるイシサンゴ類やイソギンチャク類なども含まれていますが、ウミエラ類などの「八放サンゴ」が話題にあがることはあまりありません。そこで本項では、私が研究対象として扱っている八放サンゴ類、特にウミエラ類に焦点を当てるとともに、奄美大島での研究例を紹介します。

　八放サンゴ亜綱には、ソフトコーラルやヤギ類（山羊のことではなく、例えば宝石サンゴなど）が含まれるウミトサカ目、骨格を形成するアオサンゴ目、そしてウミエラ目の三目があります。イシサンゴ類やイソギンチャク類のような触手を六の倍数もつ六放サンゴ類とは異なり、すべての八放サンゴ類は八本の触手をもつことが知られています。また、八放サンゴ類は、サンゴ礁域や砂泥底、岩場、深海など世界中の多様な海洋環境に生息しており、小さな甲殻類や魚類、軟体動物などに利用されています。そのなかでもウミエラ類は、世界中の浅海から深海まで幅広い海域の砂泥底に生息しており、立体構造物の少ない砂泥環境下で、他の海洋生物に住処（すみか）や隠れ家などとして利用されています。かたちは羽根状や棍棒（こんぼう）状、鞭（むち）状、シイタケ状などとても多様です。

　話を奄美大島に移しましょう。近年、奄美大島の砂地や泥地からは、世界の新種トップテンに選ばれたアマミホシゾラフグをはじめ、エンコウガニ科の一種、単体性イシサンゴ類と共生するヤドカリ、ニゲミズチンアナゴなど、ユニークな生態学的特徴をもった海洋生物が発見されています。

　それではウミエラ類はどうでしょうか。研究例は少ないのですが、奄美大島の周辺海域には少なくとも七種が生息していると推定されています。そのなかの一種 *Calibelemnon hinoenma*（カリベレムノン・ヒノエンマ、和名：ユウレイフタゴウミサボテンモドキ）については、私たちが大島海峡で採集し、二〇二〇年に新種として報告しました（写真18）。本種の学名は、口の周辺の赤い色が吸血鬼を連想させることから、精血を吸う妖怪「飛縁魔」を由来として名づけられました。

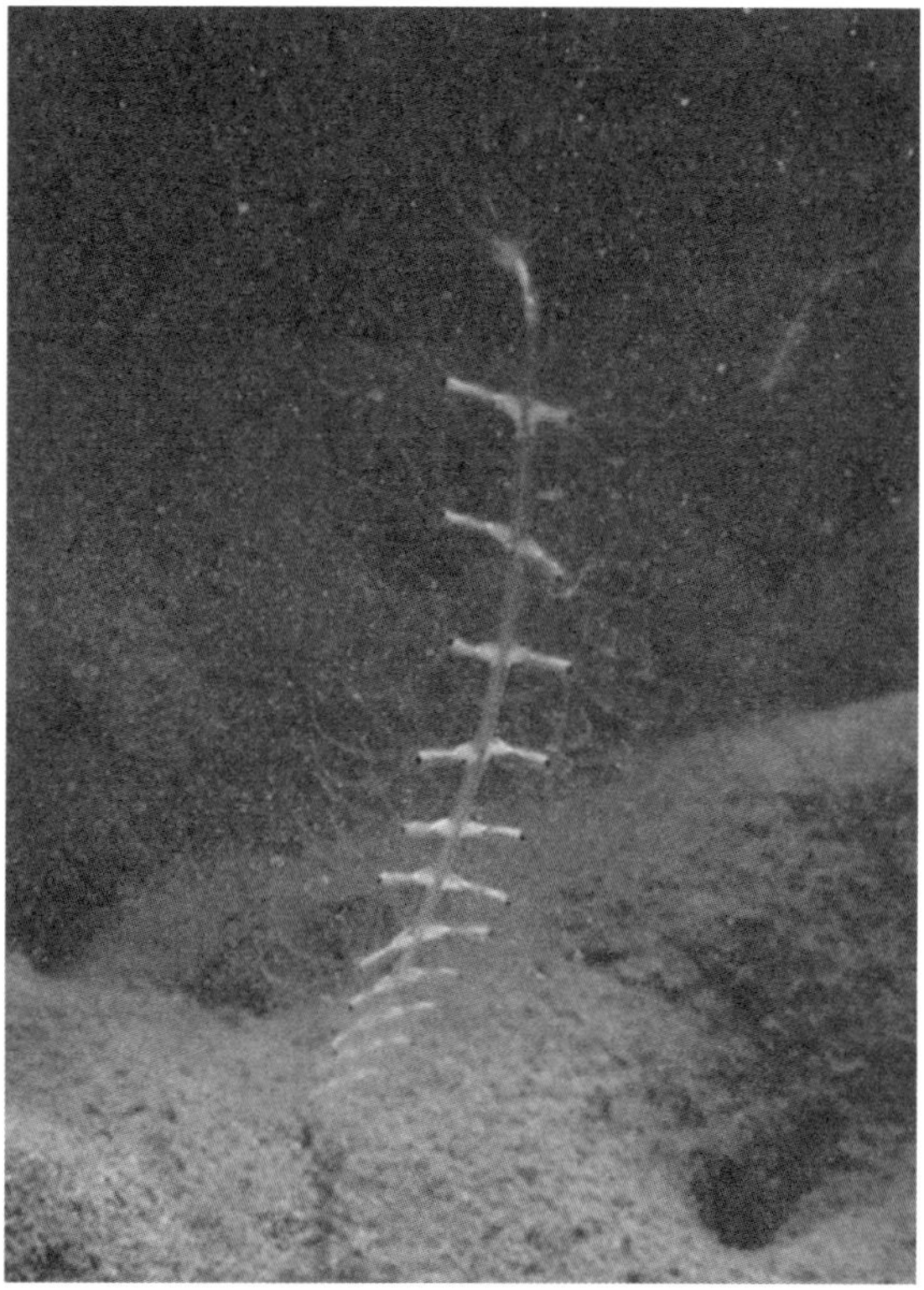
写真18　大島海峡の砂泥底に生息するユウレイフタゴウミサボテンモドキ

　フタゴウミサボテンモドキの仲間は、これまで基本的に水深一〇〇メートルよりも深い水深帯から見つかってきました。そのため、大島海峡の水深三〇～三八メートル帯に潜って本種を発見した当時、まさか野生のフタゴウミサボテンモドキ類がスキューバ潜水で観察することができるとは思っておらず、非常に驚きました。また、フタゴウミサボテンモドキ類は採集時に壊れやすく同定が困難になりやすいことや、報告数がそもそも少ないなどの理由から、世界中でも遺伝子を扱った進化学的研究は十分に行われてきませんでした。しかし、この研究では状態のよい奄美大島産の標本を扱うことができ、浅海域にも生息しているフタゴウミサボテンモドキ類が他の深海性ウミエラ類と近縁であることが明らかとなりました。さらに、長い進化の過程のなかで、本種は深海域から浅海域へ進出してきたのではないかと考えられています。このように奄美大島産ウミエラ類は、ほとんど情報が得られていなかったウミエラ類の進化系統学的研究に貢献しました。

砂泥地は、サンゴ礁のような目立つ環境と比較して、平坦であるため生き物があまりいないと思われやすく、かつ人から注目されにくい環境です。そして、浅海域では埋め立て、深場では底引き網による人為的影響を受けやすいという特徴もあります。奄美大島には、現在もユニークな砂泥環境など、豊かな自然が残されている印象があるので、これから奄美大島でどのようなウミエラ類に出合えるのか、とても楽しみです。

6　海岸ごみと生き物

河合　渓（鹿児島大学国際島嶼教育研究センター）

奄美群島の海岸には美しい砂浜がたくさんあります。しかし、よく見ると砂浜には多くのごみが落ちています。以前、奄美群島の各島で、海岸ごみがどこの地域や国から来ているのか、またどのような種類のごみがあるのかを調べたことがあります。奄美群島は黒潮の影響を受けて、奄美群島固有の生物多様性や文化を形成してきました。しかし、この黒潮は同時にさまざまなごみも奄美群島にもち込んでいます。奄美群島の島々で観察されたごみは、近隣の国々だけではなく、東南アジアや太平洋島嶼国からのごみもありました。また、九州島や沖縄県からのごみも多く観察されました（写真19）。

そのときにやっかいだなと思ったごみに、発泡スチロールとプラスチックがあります。発泡スチロールは、破損しやすい物品の緩衝・梱包（こんぽう）材などによく使われている、一般に白色で気泡を含ませたポリスチレンです。海岸に打ち上がっている発泡スチロールは、海に流れ出て海面に浮かんでいるときや海岸に打ち上がったあとに太陽光を受けて劣化します。

写真 19　10m × 10m 内で見つかった海岸ごみ

そのため、海岸に打ち上がっている発泡スチロールを触ると数ミリメートルの小さなビーズへとどんどんと割れてしまいます。それが風に乗って海岸に広がっていきます。また、海岸に打ち上がっているプラスチック片も太陽光や海水で劣化し、これも手で触ると小さな破片になってしまいます。

最近、マイクロプラスチックが話題に上がることが多いと思います。小さなプラスチック片が海に流されマイクロプラスチックになります。このマイクロプラスチックは海水中にあるさまざまな化学物質を吸収しますし、そのなかには生物にとって有害な物質も含まれています。

このマイクロプラスチックを餌とともに小魚は体内に入れることがあります。この小魚を大型の魚類が食べ、これにともない大型魚類は多くのマイクロプラスチックを体内に蓄えてしまいます。このような食物連鎖というシステムにより、小さな破片が捕食性の大型生物の体内に集まっていきます。体内に入ったプラスチックから化学物質が溶け出してしまうことがあり、これがさまざまな影響を魚や人に与えている可能性が報告されています。

砂浜で小さなごみをきれいにするのはなかなか難しいことです。機械を使って砂からごみを取り除いている観光地もあります。小さな破片になってしまったプラスチック片を除去するには、このような対応しか現時点ではないのかもしれません。

しかし、砂浜には私たちに気づかれにくい、いろいろな生き物がいます。砂の隙間や打ち上げられた海藻の下には、飛び跳ねることが好きな甲殻類のハマトビムシの仲間を見つけることができます。スナガニの仲間は砂浜に穴を作り、その穴からときどき現れては私たちを楽しませてくれます。波打ち際ではスナホリガニの仲間が波と戯れています。機械で掃除をしているのを見ると、ごみは取り除かれ、きれいになったと思う半面、小さな生き物たちの生活場所が壊されていると思うと、心が痛みます。

最近、ウミガメの体内からレジ袋が見つかった、数百メートルの深海で多くのプラスチックやレジ袋が見つかったというニュースを聞くことがあります。レジ袋は便利ですが、一方でごみになり問題を起こしてきました。二〇二〇年七月一日から、スーパーマーケットやコンビニエンスストアでのレジ袋の有料化が始まったのはご存じのとおりです。

これは廃棄物・資源制約、海洋プラスチックごみ問題、地球温暖化などの課題に対応しようと始めた取り組みです。しかし、プラスチックごみのなかでこのレジ袋によるごみの量は全体の二％前後を占めているにすぎません。プラスチックごみの削減にはほど遠いのですが、今回のレジ袋の有料化で多くの人の意識が変わったのではないでしょうか。

海のごみ問題では私たちは加害者にもなるし被害者にもなります。奄美群島の島々では、定期的に海岸ごみの清掃を行っている人々がいますし、海岸にごみ箱が設置されている場所もあります。私たち自身が日々の意識を高めることで、美しい海をいつまでも残していくことができるのではないでしょうか。

7　郷土の病気を郷土の自然の力で治す

濵田季之（鹿児島大学大学院理工学研究科）

一九八一年、ＨＴＬＶ‐１というウイルスが発見されました。このウイルスは成人Ｔ細胞白血病（ＡＴＬ）という血液のがんを引き起こし、また脊髄症（ＨＡＭ）も発症させます。ＨＴＬ

V‐1の感染力は非常に弱くて、ウイルス自体や空気・水を介しての感染はありません。しかし、一度感染すると生涯体内に残ってしまいます。母児感染（主に母乳）、性交感染、輸血や薬物乱用による経静脈感染の主に三つの感染経路にわかれており、さまざまな対策が検討され、四〇年前に一二〇万人いたウイルス感染者（HTLV‐1キャリア）は二〇一四～二〇一五年の統計では推定八〇万人近くまで減ってきました。

実は、このHTLV‐1ウイルス、一九八〇年代は鹿児島県の一〇人に一人が保有していました。そして、今なお国内では、保有者も患者（ウイルス発病者）も九州に偏在しています。国内および世界のHTLV‐1ウイルス感染者の地理的偏在の理由は諸説あり、本項ではふれませんが、とにもかくにも、感染者の多い鹿児島県としては深刻な問題です。

当初、鹿児島大学や京都大学で始まったHTLV‐1研究は、多くの研究者の地道な努力で大きく進展したものの、いまだにATLやHAMを完全に治す治療法や確実な発症予防は確立されていません。一刻も早い根絶への仕組みの開発が待たれます。

鹿児島大学大学院医歯学総合研究科の有馬直道名誉教授らによってATL患者から抽出されたATLがん細胞株であるS1T細胞やK3T細胞は、試験管レベルでATLに対する抗がん活性（抗ATL活性）を調べるのに非常に有効な方法です。有馬教授と私たちの研究室との共同研究で、さまざまな植物エキスに抗ATL活性があることを見いだし、それらの植物のなかに「化合物レベル」で抗ATL活性物質が含まれていることを明らかにしました。私たちは、研究室で数多くの植物エキス（数百個の化合物が混ざって濃縮されている液体）を二層分配法やカラムクロマトグラフィー法を駆使して、強い抗がん活性のある化合物だけを単離（一つの化合物に分離すること）しています。また、その化学構造やがん細胞への作用メカニズムを研究しています。得られた結果は、特許を取得したり、国際誌に論文投稿したりしながら、実用化を目指しています。今後も地域の方々やさまざまな研究機関と共同研究を押し進めながら、新規のATL治療薬を開発していきたいと考えています。

また、私たちの研究室では主として南西諸島産の海洋無脊椎動物（海綿やソフトコーラルなど）や薬用植物からの抗がん剤の開発も目指しています。厳しい生存競争のなかで、海洋無脊椎動物や植物は、外敵からの化学的防御手段の一つとして忌避物質や誘引物質などの二次代謝産物を蓄えているといわれています（写真20）。それら二次代謝産物のなかには、特異な化学構造や生物活性を有しているモノが多数含まれており、新しいタイプの抗ATL治療薬が得られる可能性が高いでしょう。

特に南西諸島を中心とした鹿児島県の自然域は、熱帯区、亜熱帯区、温暖帯区の三生物地理区

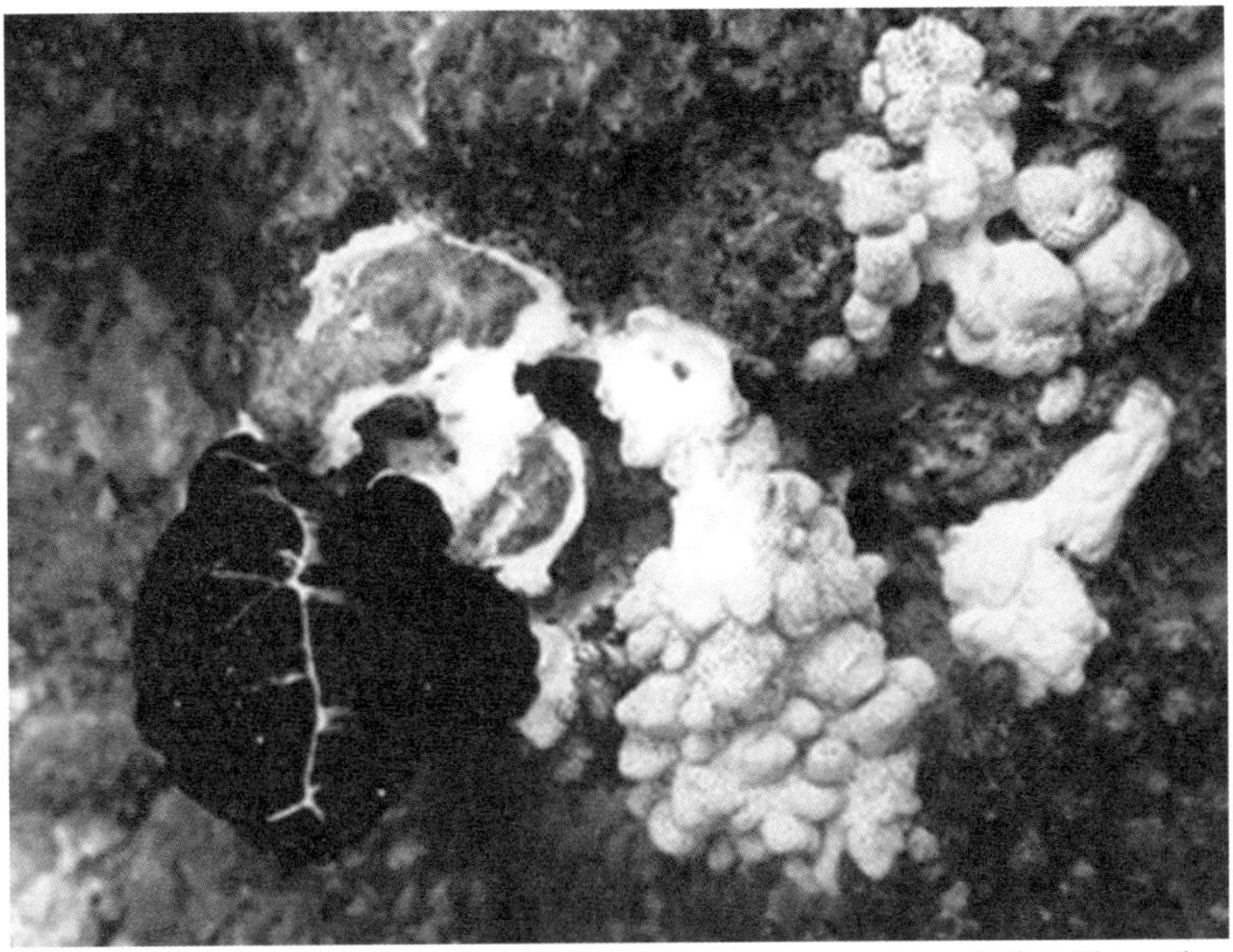

写真20　巻貝ウミウサギ（左）と捕食されるソフトコーラル。海底の厳しい生存競争のなかで、弱者は化学的防御物質を蓄えているといわれている

に跨（またが）っています。また、南西諸島はコンパクトな海域に、火山島、入り組んだ内湾、サンゴ礁隆起島、海洋島といった多種多様な自然環境が混在します。そのような環境下において、本研究の探索源である南方系の海洋無脊椎動物や薬用植物も非常に多様性に富んでおり、それらには無敵の未開発の二次代謝産物が含まれていると見込まれます。

生まれ育った鹿児島県で、鹿児島県特有の病気を、鹿児島県の設備や鹿児島県の自然の力を借りて克服したい。そんな夢を実現するため、鹿児島県発の創薬天然物化学研究をこれからも続けていきたいと思います。

Ⅵ　おわりに

「奄美には何もない」という島の人たちの印象を払拭することを目的として、『南海日日新聞』で「魅惑の島々、奄美群島」の連載を始めましたが、「自然」に関しては、連載前から多くの方々が「奄美群島には豊かな自然がある」と認識されていたと思います。しかし、本書をお読みになって、その豊かさに一層圧倒されたのではないでしょうか。

奄美群島の周辺海域には、二〇〇〇種の魚類をはじめ、サンゴやウミエラのような刺胞動物、スツボサンゴツノヤドカリといった甲殻類など、数知れぬ海洋生物が生息しています。この五～六年という短い間にも多数の新種が報告されました。陸へ目を向けてみると、日本の国土のわずか〇・三％の面積しかない奄美群島で、約一七〇〇種の植物、約三六〇種の野鳥、約三四〇〇種の昆虫が確認されており、しかもそれらには数多くの固有種（固有亜種）が含まれています。更なる研究の進展により、動植物リストへ加えられる種数が飛躍的に増加するであろうことは疑う余地もないでしょう。

この豊かな自然の舞台となった島々は、海洋プレートが大陸プレートに沈み込んだ際の付加体として成立し、悠久の時をかけて生物多様性の高い生態系をはぐくんできました。そして、森、川、海といった一連の自然環境がセットとして健全に保たれてきたからこそ、リュウキュウアユなどの希少種が現在でも生息しているのです。また、やっかい者と敬遠されがちなダニやブユ、寄生生物なども、実は自然の豊かさを示す指標になりうることがわかりました。

しかし、奄美群島の豊かな自然を脅かす存在も本書により明らかになりました。その最たるものは外来種です。島の自然は環境変動に対して脆弱(ぜいじゃく)であるため、外から持ち込まれた動植物は島の生態系に大きな影響を与えます。また、国内外から流れついたごみも島の陸域・海域に生息する生き物にとって脅威となっています。さらに、個体数が増加傾向にあるアマミノクロウサギやリュウキュウイノシシなどの希少な野生動物と島の人々との軋轢をどのように理解し、そしていかに共存を図っていくのかが、奄美群島の今後の大きな課題となるでしょう。これらの「負」の点については、私たち一人一人が自覚することで、少しずつ、かつ確実に解決していくことができるという強いメッセージが本書から伝わったのではないでしょうか。

もう一つの課題として、「普通」に価値を見いだすということが挙げられます。各地域において、どうしても「珍しい」動植物に注目が集まり、ごく「普通」の生き物は軽視されがちです。しかし、今「普通」に目にしている動植物が、さまざまな要因により、一〇年後、五〇年後、あるいはもう少し先の未来には、奄美群島では見られなくなってしまう可能性もあります。奄美群島の今日の自然を「すべて」記録するという仕事・研究は、非常に地道な作業をともなうわけですが、将来的には大変価値のあるものとなるでしょう。

最後に、「魅惑の島々、奄美群島」の連載という機会を与えてくださった南海日日新聞社および企画・担当の久岡学・前編集局長に心より感謝申し上げます。

（編者）

Ⅶ　参考文献

岩瀬　徹・川名　興『たのしい自然観察　雑草博士入門』全国農村教育協会、二〇〇一年

ＮＰＯ法人奄美野鳥の会編『奄美の野鳥図鑑』文一総合出版、二〇〇九年

鹿児島大学生物多様性研究会編『奄美群島の生物多様性　研究最前線からの報告』南方新社、二〇一六年

鹿児島大学生物多様性研究会編『奄美群島の外来生物　生態系・健康・農林水産業への脅威』南方新社、二〇一七年

鹿児島大学生物多様性研究会編『奄美群島の野生植物と栽培植物』南方新社、二〇一八年

鹿児島大学生物多様性研究会編『奄美群島の水生生物　山から海へ　生き物たちの繋がり』南方新社、二〇一九年
上赤博文『校庭の雑草図鑑』南方新社、二〇〇三年
木村　学『プレート収束帯のテクトニクス学』東京大学出版会、二〇〇二年
自然環境研究センター編『最新　日本の外来生物』平凡社、二〇一九年
西平守孝『足場の生態学』平凡社、一九九六年
畑井喜司雄・小川和夫監修『新魚病図鑑』緑書房、二〇〇六年
ピーター・P・マラ　クリス・サンテラ（岡　奈理子・山田文雄・塩野﨑和美・石井信夫訳）『ネコ・かわいい殺し屋　生態系への影響を科学する』築地書館、二〇一九年
広渡俊哉・那須義次・坂巻祥孝・岸田泰則編『日本産蛾類標準図鑑Ⅲ』学研教育出版、二〇一三年
水田　拓・高木昌興編『島の鳥類学　南西諸島の鳥をめぐる自然史』海游舎、二〇一八年
本村浩之・萩原清司・瀬能　宏・中江雅典編『奄美群島の魚類図鑑』南日本新聞開発センター、二〇一九年
本村浩之・松浦啓一編『奄美群島最南端の島　与論島の魚類』鹿児島大学総合研究博物館・国立科学博物館、二〇一四年
山田文雄『ウサギ学　隠れることと逃げることの生物学』東京大学出版会、二〇一七年

野田伸一　著
No. 1　**鹿児島の離島のおじゃま虫**
ISBN978-4-89290-030-3　56 頁　定価 700+ 税　(2015.03)

長嶋俊介　著
No. 2　**九州広域列島論**～ネシアの主人公とタイムカプセルの輝き～
ISBN978-4-89290-031-0　88 頁　定価 900+ 税　(2015.03)

小林哲夫　著
No. 3　**鹿児島の離島の火山**
ISBN978-4-89290-035-8　66 頁　定価 700+ 税　(2016.03)

鈴木英治ほか　編
No. 4　**生物多様性と保全**―奄美群島を例に―（上）
ISBN978-4-89290-037-2　74 頁　定価 800+ 税　(2016.03)

鈴木英治ほか　編
No. 5　**生物多様性と保全**―奄美群島を例に―（下）
ISBN978-4-89290-038-9　76 頁　定価 800+ 税　(2016.03)

佐藤宏之　著
No. 6　**自然災害と共に生きる**―近世種子島の気候変動と地域社会
ISBN978-4-89290-042-6　92 頁　定価 900+ 税　(2017.03)

森脇　広　著
No. 7　**鹿児島の地形を読む**―島々の海岸段丘
ISBN978-4-89290-043-3　70 頁　定価 800+ 税　(2017.03)

渡辺芳郎　著
No. 8　**近世トカラの物資流通**―陶磁器考古学からのアプローチ―
ISBN978-4-89290-045-7　82 頁　定価 800+ 税　(2018.03)

冨永茂人　著
No. 9　**鹿児島の果樹園芸**―南北六〇〇キロメートルの多様な気象条件下で―
ISBN978-4-89290-046-4　74 頁　定価 700+ 税　(2018.03)

山本宗立　著
No. 10　**唐辛子に旅して**
ISBN978-4-89290-048-8　48 頁　定価 700+ 税　(2019.03)

冨山清升　著
No. 11　**国外外来種の動物としてのアフリカマイマイ**
ISBN978-4-89290-049-5　94 頁　定価 900+ 税　(2019.03)

鈴木廣志　著
No. 12　**エビ・ヤドカリ・カニから鹿児島を見る**
ISBN978-4-89290-051-8　90頁　定価900+税　（2020.03）

梁川英俊　著
No. 13　**奄美島唄入門**
ISBN978-4-89290-052-5　88頁　定価900+税　（2020.03）

桑原季雄　著
No. 14　**奄美の文化人類学**
ISBN978-4-89290-056-3　80頁　定価800+税　（2021.03）

山本宗立・高宮広土　編
No. 15　**魅惑の島々、奄美群島**—歴史・文化編—
ISBN978-4-89290-057-0　60頁　定価700+税　（2021.03）

山本宗立・高宮広土　編
No. 16　**魅惑の島々、奄美群島**—農業・水産業編—
ISBN978-4-89290-058-7　68頁　定価700+税　（2021.03）

〔編者〕

山本　宗立（やまもと　そうた）

［略　　歴］

1980年三重県生まれ。京都大学大学院農学研究科博士課程修了、博士（農学）。2010年より鹿児島大学国際島嶼教育研究センター准教授。専門は民族植物学・熱帯農学。

［主要著書］

『ミクロネシア学ことはじめ　魅惑のピス島編』（南方新社、2017年、共編著）、『ミクロネシア学ことはじめ　絶海の孤島ピンゲラップ島編』（南方新社、2019年、共編著）、『唐辛子に旅して』（北斗書房、2019年）など。

高宮　広土（たかみや　ひろと）

［略　　歴］

1959年沖縄県生まれ。University of California, Los Angeles（UCLA）博士課程修了 Ph.D. in Anthropology。2015年より鹿児島大学国際島嶼教育研究センター教授。専門は先史人類学。

［主要著書］

『琉球列島先史・原史時代における環境と文化の変遷に関する実証的研究研究論文集第1・2集』（六一書房、2014年、共編著）、『奄美・沖縄諸島先史学の最前線』（南方新社、2018年、編著）、『奇跡の島々の先史学　琉球列島先史・原史時代の島嶼文明』（ボーダーインク、2021年）など。

鹿児島大学島嶼研ブックレット　No.18

魅惑の島々、奄美群島－自然編－

2021年10月20日 第1版第1刷発行

発行者　鹿児島大学国際島嶼教育研究センター
発行所　北斗書房

〒132-0024　東京都江戸川区一之江8の3の2（MMビル）
電話 03-3674-5241　FAX03-3674-5244
URL　http//www.gyokyo.co.jp

定価は表紙に表示してあります

ISBN978-4-89290-062-4 C0039